사회주의기업의 분석

- 경제체제적 관점 -

조 규 진 저

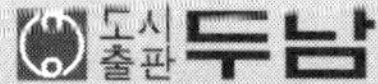

서문

저자는 동북아 통상학부에 근무하면서 국제마케팅 관련과목을 강의하고 있는데, (구)사회주의국가로의 진출론은 박사학위논문의 주제이면서 이 방면으로 논문을 수 년간 발표한 테마이다.

그리고 (구)사회주의국가로의 진출론은 수리적 조사방법 통계와 함께 저자의 두 가지 주요 연구테마 중의 하나이다. 저자는 국내에서는 수리방향의 석사학위논문을 쓰고, 독일에서의 박사학위논문은 (구)사회주의기 국가시장진출에 대해 썼다. 그 후 국내에 와서도 국제마케팅과 관련하여 수리적 조사방법론을 중심으로 강의를 하는 가운데에서도, 연구논문에서는 주로 (구)사회주의 국가시장진출에 대하여 써왔다. 즉 본서는 저자의 두 가지 학문방향 중의 하나인 (구)사회주의 국가시장진출과 관련된 단행본이라는 것이다.

중국, 러시아 및 북한과 같은 (구)사회주의국가로 진출하려면 그 나라의 현재 시장환경에 대한 조사도 중요할 뿐 아니라 본서에서 다루는 테마와 같이 (구)사회주의국가의 기업운영방식에 대한 이해도 중요하다. 그런데 (구)사회주의 국가에 대한 기존의 단행본 및 논문들은 전자의 시장환경에 대한 것이 많지만, 후자의 경제체제와 관련한 기업운영방식에 대한 연구는 그리 많지 아니하다. 특히 현재 자본주의적 시장경제체제를 채택하고 있는 러시아나, 사회주의적 시장경제체제의 중국, 지금도 사회주의적 계획경제체제를 지향하는 북한은 과거에 모두 사회주의적 계획경제체제 하에서 기업을 운영하였던 국가인 데에도 불구하고, 경제체제와 관련한 기업운영방식에 대한 연구는 그리 많지 않다.

서문

저자는 (구)사회주의국가로의 진출론에 대한 논문을 쓰면서, 사회주의국가의 기업경영이 자본주의의 기업경영방식과 다르다는 것을 알게 되었고, 이를 한번 정리해 보는 것도 의미가 있다는 것을 알게 되었다. 본서는 이러한 의도에서 시작되었으며 그 내용은 다음과 같다.

자율적으로 기업 내의 모든 의사결정을 하는 자본주의기업과는 달리 국유의 사회주의기업은 국가계획에 있는 일개 부속기관으로서의 의사결정을 하였다. 물론 사회주의국가의 국가계획은 전체적인 효율성을 지향한다고는 하였으나 국유의 사회주의기업 각각의 기업계획은 자율성보장이 되지 아니하였다. 그런 면에서 사회주의기업의 경영을 분석하기 위해서는 과거 사회주의적 계획경제체제와의 관계 속에서 살펴보아야 할 것이다. 또한 사회주의기업은 당해발생이익을 매년 국가기금을 통해 간접적으로 국민전체의 최저생활을 보장해 주었을 뿐 아니라 비효율적인 기업도 도산하지 아니하도록 지원을 해야 하였다. 뿐만 아니라 제품의 가격도 시장가치가 아닌 노동가치에 의해 책정되었다. 기업의 대외적 수출도 독점무역회사를 통해 기업단위가 아닌 국가단위로 이루어졌다.

지금까지 서술한 국유기업, 국가계획에 따른 기업계획, 국가기금을 통한 당해발생이익의 처리, 노동가치에 따른 제품가격결정 및 무역독점회사를 통한 대외무역은 모두 경제체제와 관련된 사회주의기업의 기업경영방식이다. 이러한 사회주의기업의 독특한 기업경영방식은 경제체제에 연유되는데, 본서에서는 이와 같이 사회주의적 계획경제체제로 일어나는 사회주의기업의 독특한 여러 현상을 자본주의기업과 비교하며 설명하였다.

서 문

이런 맥락에서 본서에서는 국가차원에서 국가계획과 국가기금이 사회주의기업에게 주는 영향을 먼저 살펴본 후, 기업차원에서 사회주의기업 내부의 의사결정을 살펴볼 것이다. 그리고 대외적인 의사결정은 무역독점회사 및 구상무역과 관련하여 설명할 것이다. 물론 사회주의기업의 경영방식은 자본주의기업의 경영방식과 비교하여 분석될 것이다.

이와 같이 사회주의적 계획경제체제와 사회주의기업의 관계를 설명한 이론적 분석은 과거의 러시아나 중국 및 북한의 기업을 이해하는 데 도움을 줄 뿐 아니라, 현재 이들 국가로 진출할 자본주의기업에게도 실무적으로 많은 도움을 주리라 생각한다.

저자는 본서의 작업을 10여 년 전부터 기획하여 시작하였으나, 여러 사정으로 진척이 없다가 광운대학교 교내연구비(2009년)의 지원을 받아 마무리하게 되었다. 뿐만 아니라, 저자에게 많은 연구시간을 준 가족들과 나를 학문적으로 이끌어준 교수님들께 감사의 말씀을 드린다. 특히 초창기 본고의 거의 모든 기초 작업을 묵묵히 하여 준 황일영 박사에게 감사의 말을 전한다.

2010년 8월

한울관에서

조 규 진

차례

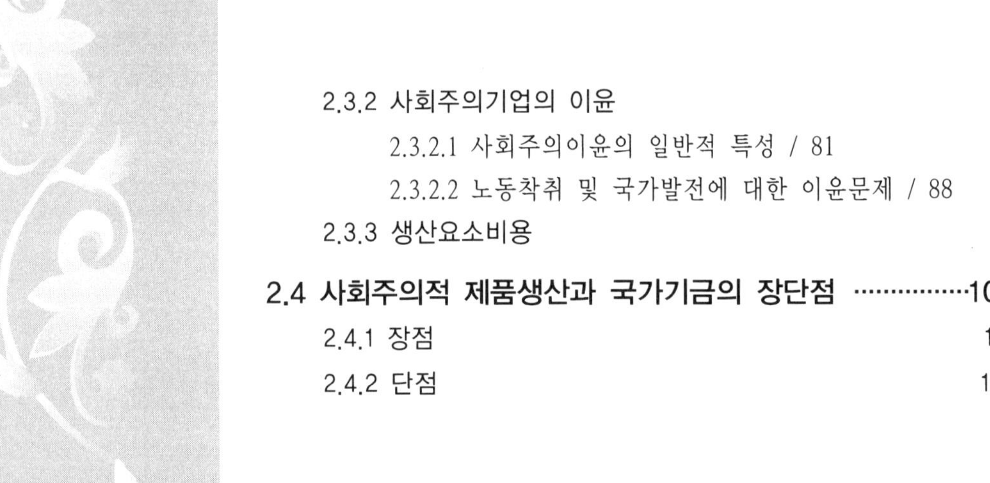

제3장 사회주의기업의 의사결정_111

제4장 사회주의기업과 대외교역_151

차례

차례

제1장 사회주의기업과 경제체제

1.1 경제체제의 개념

경제체제란 국가를 구성하고 있는 경제주체의 의사결정과 그 성과에 항상 영향을 미치는 집단적 사상이 구체화된 제도로 정의된다. 이는 사회구성원의 생산수단에 대한 소유권을 결정하여 줄 뿐 아니라 경제적 균형으로부터 이탈한 교란상태에 반응하여 새로운 균형상태로 도달하게 하는 조정기능을 담당한다.

이리하여 경제체제의 문제는 보통 생산수단에 대한 소유문제와 경제조정기구문제라는 틀로써 분석된다. 생산수단의 소유문제는 소비재에 대한 민간인의 소유를 전제로 한 상태에서 기업으로 대표되는 생산수단에 대해 국가나 민간인 중 누가 소유하게 하느냐의 문제를 말하며, 경제조정기구문제란 수많은 경제단위의 활동을 조정하는 행위를 시장이나 국가계획 중 어디에다 맡기느냐 하는 문제를 말한다.

1.1.1 생산수단의 소유문제

생산수단 ☞

생산수단의 소유문제를 기준으로 할 경우 경제체제는 생신수단을 민간이 소유하는 자본주의체제와 국가가 소유하는 사회주의체제로 나뉘어진다. 여기서 생산수단이란 노동과 결합됨으로써 인간으로 하여금 제품을 생산하게 하는 수단을 말하는데, 주로 토지와 기업을 뜻한다. 본서는 사회주의기업에 대한 문제를 다룰 뿐 아니라 기업은 이러한 생산수단의 단위결집체의 성격을 가지는 관계로, 본서에서 생산수단의 소유문제라 함은 〈그림 1〉에서 보듯이 주로 기업을 누가 소유하는가 하는 문제를 말한다.

〈그림 1〉 생산수단소유의 의미

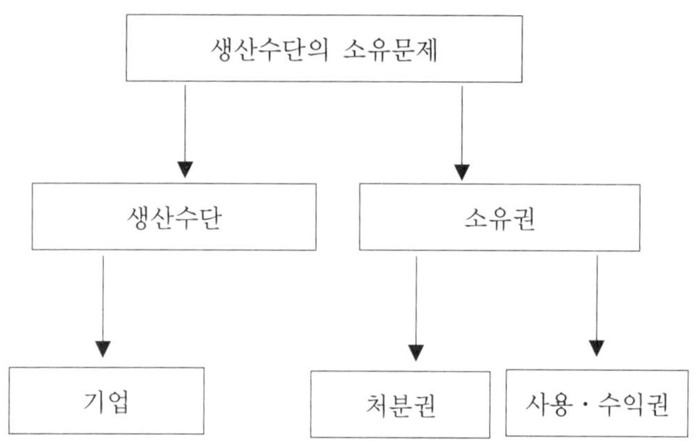

어떠한 목적물을 누가 소유하는가하는 문제란 결국 그 목적물에 대한 소유권을 누가 가지느냐 하는 것을 말한다. 그리고 소유권이란 목적물 자체에 대한 처분권과 사용·수익권은 물론, 당해 목적물에 의해 생산되는 상품과 용역에 대한 처분권과 사용·수익권도 포함한다.

소유권 ☞

소유권 중의 하나인 처분권이란 목적물을 소비·파괴 등의 사실적 처분을 통하거나 양도·담보제공 등의 법률적 처분을 통하여 교환가치를 실현하는 권리를 말하고, 다른 하나인 사용·수익권이란 목적물을 이용하거나 그의 과실을 수취함으로써 사용가치를 실현하는 권리를 말한다.

원래 소유권이란 물권 중의 하나로서 물권이란 현재 목적물을 직접 지배하고 있는 권리를 말한다. 법에 의해 어떤 이익을 가질 수 있는 힘이란 의미를 가진 권리의 종류에는 가족이나 신분을 가진 사람과 연관된 권리와 상기한 물권과 같이 목적물과 관련된 권리가 있다. 목적물과 관련된 권리에는 물권 외에도 채권이 있는데, 채권이란 미래에 목적물을 획득하는 권리를 말한다. 이러한 채권은 현재 목적물을 직접 지배하고 있는 권리와 대비된다.

정리해 보면 권리는 사람과 관련된 권리와 재화와 관련된 권리가 있고, 재화와 관련된 권리에는 물권과 채권이 있는데 소유권은 물권에 속한다는 것이다.

그리고 소유권이 속해 있는 물권의 종류에는 소유권 이외에도 목적물을 사실상 지배하고 있는 점유권, 지상권과 같이 목적물을 사용하기 위한 용익물권, 저당권 등과 같이 담보제공을 위한 담보물권 등이 있다. 그리하여 생산수단의 소유문제란 생산수단이라는 목적물을 국가나 민간인 중 누가 현재 직접 지배하고 있느냐하는 물권문제와 관계가 있으며, 그런 물권문제 중에서도 국가나 민간인 중 누가 생산수단을 처분하거나 사용·수익할 수 있느냐 하는 소유권의 주체를 다룬다는 것이다.

생산수단의 소유권을 누가 가지느냐에 따라, 즉 생산수단에 대한 소유권의 주체가 민간인이냐 또는 국가냐에 따라 경제체제는 자본주의체제와 사회주의체제로 나뉜다. 자본주의체제에서는 생산수단을 매매하고 사용할 수 있는 소유권을 민간인 또는 민간기업이 가지는데 비해, 사회주의체제에서는 이러한 생산수단의 소유권을 국가나 지방자치단체 또는 사회집단이 갖는다. 그리하여 자본주의에서는 민간의 자본축적을 허용하지만, 사회주의에서는 민간의 자본축적을 허용하지 아니한다.

자본주의체제 ☞

사회주의체제 ☞

민간인이나 민간기업이 생산수단을 현재 처분하거나 사용·수익할 수 있으면 자본주의체제라 하고, 국가나 지방자치단체 및 사회집단이 생산수단을 현재 처분하거나 사용·수익할 수 있으면 사회주의체제라 한다. 여기서 사회주의체제의 사회집단이란 과거 유고의 기업과 같이 종업원이 지주가 되는 기업을 말한다.

자본주의체제에서는 생산요소인 자본과 노동이 1인 기업일 때에는 융화되어 나타나다가 기업이 대형화 될수록 분리되어 기업을 소유하는 자본가와 기업에서 제품을 생산하는 노동자가 분리된다. 그러나 사회주의체제에서는 기업의 소유권을 국민전체를 총합하는 국가가 소유하는 관계로 기업의 규모에 관계없이 제품을 생산하는 노동자의 국가적 집단이 국가전체의 기업을 총합적으로 소유하게 되어, 기업의 소유자와 노동자의 분리는 일어나지 아니한다. 또한 사회주의체제에서는 어떤 기업의 노동자집단이 그 기업만을 소유하는 형태도 존재하는데, 이 또한 기업의 소유자와 노동자의 분리는 일어나지 아니하는 것이다.

1.1.2 경제조정문제

경제조정이란 〈그림 2〉에서 보듯이 일정한 기구에 의해 한 나라의 경제가 교란되지 아니하고 균형을 이루면서 제대로 운영되도록 하는 것으로서, 경제조정문제란 균형된 경제운영을 위해 무엇을, 어떻게 그리고 누구에게 배분하느냐 하는, 즉 생산물의 종류, 생산방법 및 생산물의 배분 등에 대한 문제와 관련이 있다. 경제조정문제에 의해 경제체제를 나눌 때는 어떠한 기구에 의해 경제가 조정되는가를 살펴보면 된다. 그리하여 경제조정문제에 의하면 시장기구에 의해 경제가 조정되는 시장경제체제와 국가계획에 의해 경제가 조정되는 계획경제체제로 구분된다.

시장경제체제 ☞
계획경제체제 ☞

시장경제체제에서는 생산물의 종류는 소비자의 선호에 의해 좌우되는 제품가격에 의해 결정되고, 생산방법은 생산요소의 희소성을 나타내는 요소가격에 의해 결정되며, 생산물의 배분은 생산의 기여도에 따른 생산요소의 대가로 결정된다. 즉, 의사결정자인 경제주체 간의 교환이 이루어지는 구체적 및 추상적인 장소인 시장을 통해서, 자원의 배분이나 수급균형 등을 조정하는 것이다.

이에 비해 계획경제체제에서는 생산물의 종류, 생산방법 및 생산물의 배분 모두 국가계획당국에 의해 결정된다. 이리하여 시장경제체제에서는 시장내 수요량과 공급량에 의하여 경제가 사후적으로 조정되고 제품에 대한 시장가격이 형성되는데 비해 계획경제체제에서는 정부조직이 지표화된 국가계획을 만들어 사전적으로 경제를 조정하고, 제품가격은 제품생산에 들어간 노동량에 근거하여 정부고시가격의 형태로 형성된다.

〈그림 2〉 경제조정의 의미

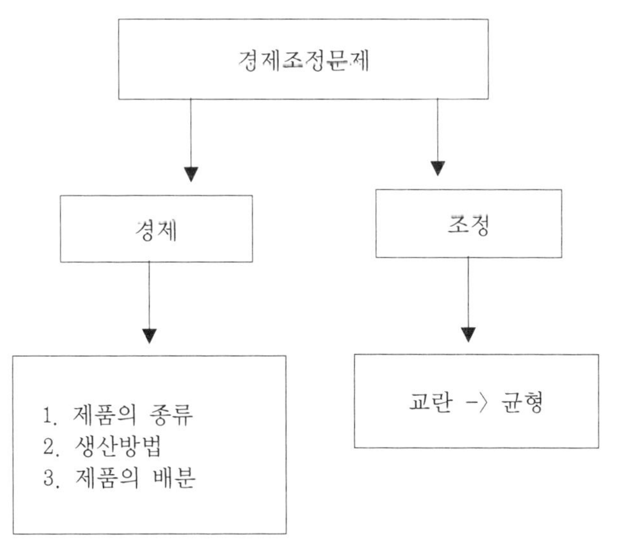

시장경제체제에서는 국가구성원인 경제단위가 자신의 자율적인 판단 하에 자신의 이익을 좇아 무엇을, 어떻게 생산하고 소비하는가하는 기본적 경제문제를 결정하여 행동한다면 가격에 따라 움직이는 수요와 공급의 시장기구에 의해 최적으로 생산요소 및 생산제품이 배분된다. 이에 비해 계획경제체제에서는 경제단위간의 의사결정을 국가계획기구가 사전에 조정함으로써 의식적으로 기본적인 경제문제를 해결할 수 있다고 주장한다.

이리하여 시장경제체제냐 또는 계획경제체제하는 경제조정문제는 다음과 같이 기업의 의사결정문제와 같은 맥락에서 설명할 수 있다. 시장경제체제에서는 기업의 의사결정을 국가로부터 독립된 기업의 최고경영자가 하는 기업중심의 의사결정체제인 반면, 계획경제체제에서는 기업운영을 비롯한 경제전반에 대한 조정을 국가계획이 하는 관계로 기업은 단지 국가계획의 한 구성원에 불과하여 기업운영에 대한 의사결정체계는 국가중심적이 된다. 즉, 경제행위의 의사결정이라는 요인은 경제조정기구라는 요인에 내포될 수 있는 것이다.

1.1.3 사회주의적 계획경제체제와 자본주의적 시장경제체제

지금까지 경제체제를 생산수단의 소유문제와 경제조정문제의 성격을 설명하면서 두 문제의 관점에서 사회주의적 계획경제체제와 자본주의적 시장경제체제를 개괄적으로 비교하여 보았는데, 이를 요약하면 〈표 1〉과 같다.

〈표 1〉 양 경제체제의 개괄적 비교

	사회주의적 계획경제체제	자본주의적 시장경제체제
생산수단 소유자	국가	민간
민간의 자본축적	불허	허용
기업 소유자와 노동자의 관계	일치	1인 기업: 일치 기타기업: 불일치
수급균형의 조정자	국가계획	시장
경제조정방법	사전적 방법	사후적 방법
제품가격	노동량에 따른 국가고시가격	수요와 공급에 의한 시장가격
기업경영	국가계획에 따라	기업의 자율판단에 의해
의사결정형태	국가중심적	기업중심적

시장기구 ☞

국가계획 ☞

이리하여 경제체제는 이론적으로 자본주의적 시장경제, 자본주의적 계획경제, 사회주의적 시장경제 및 사회주의적 계획경제 네 가지로 분류된다.

사회주의기업 ☞

그러나 현실적으로 볼 때 자본주의체제에서는 민간이 기업의 소유권을 가지기 때문에 기업의 의사결정권 또한 민간인이 가지게 되어 기업은 국가계획으로부터 독립한 상태에서 경제조정은 수요와 공급이 만나는 시장기구에 의해 이루어진다. 또한 사회주의체제에서는 기업의 소유권을 국가가 가지기 때문에 기업의 의사결정권 또한 국가가 가지는 집중적 의사결정체계가 되며, 경제조정은 국가계획에 의해 이루어지고 기업은 국가계획지표의 달성만을 목표로 하는 국가계획의 하부구성원에 불과하다.

자본주의기업 ☞

과거 냉전체제에서도 자본주의적 계획경제와 사회주의적 시장경제는 거의 나타나지 아니하고, 소련이나 중공과 같은 사회주의적 계획경제체제와 미국이나 일본과 같은 자본주의적 시장경제체제가 주로 나타나게 되었다. 이리하여 본서에서도 사회주의기업이라 함은 과거의 소련과 중국 및 북한과 같이 사회주의적 계획경제체제의 원칙에 따라 운영되는 기업을 말하고, 자본주의기업이라 함은 미국과 일본 및 남한의 기업과 같이 자본주의적 시장경제체제의 원칙에 따라 운영되는 기업을 일컫는다. 물론 사회주의국가라 함은 과거의 소련과 중국 및 북한과 같이 사회주의적 계획경제체제의 원칙에 따라 경제가 움직여지는 국가를 말하고, 자본주의국가라 함은 자본주의적 시장경제체제의 원칙에 따라 경제가 운영되는 국가를 말한다.

여기서 사회주의적 계획경제체제의 기업 및 사회주의적 계획경제체제의 국가를 말하면서 유독 중국, 소련 및 북한을 말하는 이유는 물론 이들 나라가 우리가 살고 있는 남한과 매우 근접하고 자원도 풍부한데다 잠재시장도 커서 우리의 진출대상이 되기 때문이라는 실용적인 면이 있다.

그러나 사회주의국가를 지칭하면서 소련과 중국 및 북한을 주로 예로 드는 근본적인 이유는 냉전시대에는 이들 국가의 경제체제가 똑 같이 사회주의적 계획경제였던 이 나라들이 몇 년전의 경제체제의 변환을 통하여, 현재는 서로 다른 경제체제를 가진 나라이기 때문이다. 원래 사회주의적 계획경제체제의 국가 중에서 중국과 소련을 맹주라 할 수 있기 때문에 중국은 사회주의적 시장경제체제로 경제체제의 변환을 한 국가들을 대표한다고 할 수 있고, 러시아는 자본주의적 시장경제체제로의 경제체제의 변환을 한 국가를 대표한다고 할 수 있다. 또한 경제체제를 한 대부분의 국가들과는 달리 지금도 사회주의적 계획경제체제를 고수하고 있는 나라가 있는데, 북한이 이를 대표한다. 그리하여 본서에서는 과거에 사회주의적 계획경제체제를 한 국가를 나누면서 중국과 러시아 및 북한을 예로 드는 경우가 종종 나타나는 경우를 보게 된다.

1.1.4 경제체제분류의 여러 관점

원래 경제체제란 경제주체의 집단적 사상과 관련이 있기 때문에, 보는 관점에 따라 생산수단에 대한 소유문제와 경제조정기구문제 외에도 여러 측면에서 분석되기도 한다. 즉, 〈표 2〉에서 보듯이 의사결정구조, 정보전달체계, 동기구조 등의 측면에서 경제주체의 집단적 사상을 나누어 볼 수도 있는 것이다. 이러한 관점도 사회주의적 계획경제체제와 자본주의적 시장경제체제에 따라 명확히 나누어진다.

의사결정구조 ☞

먼저 의사결정구조의 입장에서 보면 사회주의적 계획경제체제는 의사결정체계가 국가로부터 나오고 국가로 수렴되는 집중적 의사결정구조를 가지고 있는데 반해, 자본주의적 시장경제체제는 의사결정주체가 각 기업에게 나누어져 국가입장에서 볼 때에는 분산적 의사결정구조를 가진다.

정보전달체계 ☞

정보전달체계의 입장에서 볼 때에도 사회주의적 계획경제체제에서는 모든 정보가 국가에 모여지는 국가중심의 집중적 정보체계를 가지는 반면, 자본주의적 시장경제체제에서는 정보가 오히려 각 기업에게 나누어져 분산적 정보체계의 특징을 가진다.

동기구조 ☞

또한 동기구조에서 볼 때에도 사회주의적 계획경제체제에서는 성과에 대해 영웅으로서의 훈장을 주거나 지위상승을 하게 하는 정신적 동기구조를 가지는 것이 많은 반면, 자본주의적 시장경제체제에서는 성과에 대해 이익을 많이 남게 하거나 봉급을 많이 주는 물질적 동기구조를 가진다.

〈표 2〉 여러 기준에 의한 양 경제체제의 비교

	사회주의적 계획경제체제	자본주의적 시장경제체제
생산수단의 소유	국가	민간
경제의 조정	국가계획	시장
의사결정구조	집중적 의사결정	분산적 의사결정
정보전달체계	집중적 정보체계	분산적 정보체계
동기구조	정신적 동기	물질적 동기

이와 같이 경제체제를 생산수단에 대한 소유문제와 경제조정기구문제의 측면에서 나눈 사회주의적 계획경제체제와 자본주의적 시장경제체제의 분류가 경제체제의 다른 측면인 의사결정구조, 정보전달체계 및 동기구조의 입장에서 나누어도 거의 비슷하게 분류되는 이유는 생산수단에 대한 소유문제, 경제조정기구문제, 의사결정구조문제, 정보전달체계문제 및 동기구조문제가 모두 같은 성격에서 나오기 때문이다. 한마디로 전체기업을 집중적으로 국가가 가지느냐 또는 각각의 기업의 소유를 민간에게 분산시키느냐의 문제인 것이다.

국가소유 ☞

사회주의적 계획경제체제에서 전체기업을 국가가 소유하게 되면, 각각의 기업은 국가시스템의 부속기관으로서의 협력관계가 되어 국가계획으로 전체의 기업활동을 조정할 수 있고 국가의 의사결정에 따라 기업은 경영을 하게 되며 정보전달도 국가기관으로 집중되며 각 기업의 구성원에 대한 동기부여도 국가의 방침에 따라 정해지게 되어 있다. 여기서 전체기업에 대한 국가소유라는 뜻의 본래 의미는 국민전체가 소유한다는 것으로서, 국민전체가 공동적으로 소유하는 기업전체에 대해 국가가 국민전체를 대신하여 소유한다는 것을 의미한다.

기업 등의 생산수단을 국가가 소유하는 사회주의는 국가계획에 의해 경제전반의 활동이 조정되는 계획경제체제를 가지고, 의사결정구조는 국가중심의 집중적 의사결정구조를 가질 뿐 아니라, 정보전달구조도 모든 정보가 국가로 집중되는 집중적 정보전달구조를 가진다. 동기구조에 있어서도 부의 편중문제를 해결하면서 사회주의경제를 발전시키는 구성원을 선호하는 관계로 이러한 구성원에게 부의 편중을 발생시킬 수 있는 물질적 동기부여는 금지하고 대신 정신적 동기부여를 하고 있다.

민간소유 ☞

이에 비해 자본주의적 시장경제체제에서 기업에 대한 민간소유인 경우에는 각각의 기업은 국가에 독립적인 개별시스템으로서의 경쟁관계가 되어 경제조정이 시장에 의해 이루어진다. 또한 기업 각각의 의사결정에 따라 경영을 하게 되며 정보전달도 기업단위로 분산되며, 각 기업의 구성원에 대한 동기부여도 기업의 방침에 따라 정해지게 되어 있다.

기업 등의 생산수단을 민간이 소유하는 자본주의는 시장가격에 의해 경제전반의 활동이 조정되는 시장경제체제를 가지고, 의사결정구조는 각 기업의 분산적 의사결정구조를 가질 뿐 아니라 정보전달구조도 정보는 기업단위로 분산된다. 동기구조에 있어서도 물질적 동기로 만들어져 이윤극대화를 목적으로 하는 각 기업은 기업의 이윤극대화목적에 공헌하는 구성원을 선호하는 관계로 이러한 구성원에게 물질적 동기부여를 하고 있으며, 이로 인한 부의 편중문제는 당연한 것으로 생각하고 있다.

이와 같이, 경제조정기구문제, 의사결정구조문제, 정보전달체계문제 및 동기구조문제가 모두 기업 등의 생산수단을 국가가 소유하느냐 민간이 소유하느냐 하는 생산수단의 소유문제에서 나오기 때문에 (〈그림 3〉 참조), 사회주의적 계획경제체제와 자본주의적 시장경제체제라는 본서의 분류가 경제체제의 다른 측면인 의사결정구조, 정보전달체계 및 동기구조의 입장에서 나누어도 거의 비슷하게 분류될 수 있는 것이다.

〈그림 3〉 경제체제의 요소

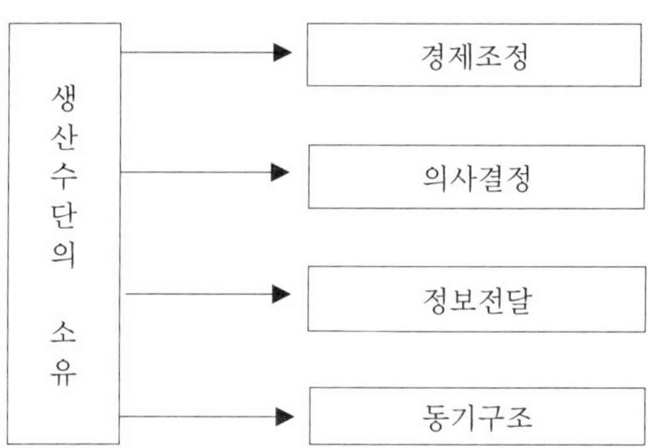

그리하여 경제체제의 관점에서 사회주의기업을 분석하려는 본서에서도 사회주의기업분석을 단순히 생산수단에 대한 소유문제와 경제조정기구문제의 측면에서만 하지 아니하고, 생산수단에 대한 소유문제와 경제조정기구문제와 의사결정구조문제, 정보전달체계문제 및 동기구조문제의 관련성 속에서 사회주의기업을 분석할 것이다.

1.2 사회주의기업에 대한 경제체제적 분석의 의미

1.2.1 사회주의적 계획경제체제와 기업

사회주의기업에 대해 경제체제적으로 분석한다는 것은 이러한 기업들에 대한 여러 관점 중 하나로서 경제체제적인 관점에서 분석한다는 의미뿐 아니라, 사회주의적 계획경제체제의 성격으로 말미암아 사회주의기업의 기본적이면서도 전체적인 특징을 설명해 준다는 의미를 가지고 있다.

사회주의적 계획경제체제에 있어서 국가의 모든 구성요소는 국가에 종속적이기 때문에 사회주의국가는 국가의 구성요소에 대해 모든 면에 있어서 직접 영향을 미친다. 그리하여 국가의 한 구성요소에 불과한 사회주의기업이 가지고 있는 특징은 사회주의국가 전반에서 나타나는 특징과 일맥상통하다. 이와 같이 사회주의적 계획경제체제에서 기업이 국가에 대해 종속적이라는 사실은 국가가 기업을 소유하기 때문인데, 이러한 기업의 국가소유는 사회주의국가가 가지는 경제체제의 특성상 나타나는 것이다.

국가종속문제 ☞

국가환경문제 ☞

결국 사회주의기업을 경세체제의 입장에서 분석한다는 것은 사회주의기업의 국가종속문제를 분석하는 것이며, 이러한 관계로 사회주의기업에 대한 경제체제적 분석은 사회주의기업의 국가환경문제에 대한 이해에도 많은 도움을 주는 것이다. 사회주의적 계획경제체제에서는 사회의 기초단위에서부터 사회전체에 이르기까지 모든 면이 일맥상통한 면을 가지고 있기 때문이다.

또한 사회주의적 계획경제체제는 태동될 당시 노동자의 입장을 대변하는 지식인들이 이론구축을 함에 있어서, 제품에 대한 기본단위분석에 근거하여 이를 공간적 및 시간적으로 확대적용하여 태동되었는데, 이와 같이 사회주의적 계획경제체제는 그 성립이론 자체가 사회의 기초단위와 사회전체가 유기적으로 연결되어 있다. 이는 부의 편중문제를 가지고 있는 자본주의적 시장경제체제를 극복하기 위한 사회주의 사상가들의 논리적 추론의 결과이다.

기본단위분석 ☞

즉, 사회주의적 계획경제체제는 이론자체가 기본단위로서의 제품분석을 시작으로 하여 그 분석대상을 기업분석, 경제분석, 국가분석 및 세계분석으로 이어지는 공간적으로 확대되는 연역적 추론과 세계의 역사적 분석에서 세계의 미래지향점까지 이어지는 시간적으로 확대되는 연역적 추론의 결과 태동되었기 때문에 사회주의기업에 대한 경제체제적 분석은 사회주의적 계획경제체제의 전반적인 분야와의 연관성 속에서 이루어져야 한다는 특성을 가지고 있다.

분석대상 ☞

이와 같이 사회주의국가와 각 구성요소와의 관계 및 사회주의국가의 설립이론의 특성으로 말미암아 사회주의기업에 대한 경제체제적 분석이 갖는 의미는 사회주의국가에 대한 기본적이면서도 전체적인 면에 대한 분석과 일맥상통한다. 그런 면에서, 사회주의기업의 분석은 사회주의기업의 환경으로서의 국가환경을 이해하는 데에도 상당한 도움을 준다(〈그림 4〉 참조).

〈그림 4〉 사회주의기업에 대한 경제체제적 분석의 의미

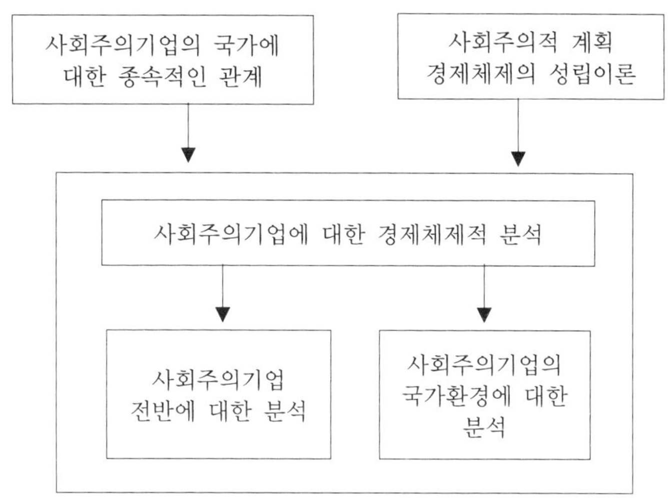

1.2.2 경제체제적 기업분석이 가지는 포괄적 의미

사회주의기업의 경제체제적 분석은 경제체제의 성격으로 말미암아, 사회주의기업 전반, 사회주의국가 및 사회주의권 전체 성격에 대한 분석과 같은 맥락에서 이루어져야 한다.

기업차원 ☞

첫째, 기업차원에서 볼 때 사회주의기업에 대한 경제체제적 분석은 기업의 경제체제의 관점에서의 분석을 넘어 자연히 기업의 전체적이면서도 기본적인 틀을 제공해주는 면을 가지고 있다. 즉, 중국, 러시아 및 북한의 기업과 같은 사회주의기업을 경제체제의 입장에서 분석한다는 것은 이들 기업의 총체적이면서도 기본적인 틀을 이해하는 것과 같은 의미를 가지게 된다. 그러한 관계로 국가단위조직의 하나에 불과한 사회주의기업은 그 기업이 속하는 사회의 경제체제가 다름으로 인해 국가독립조직인 자본주의기업에 비해 다음과 같이 근본적 면에서부터 달라질 수밖에 없다.

국가단위조직 ☞

국가독립조직 ☞

자본주의기업은 기본적으로 민간인에 의해 자신의 재산을 출원하여 설립하고, 기업의 자율적인 경영에 의해 발생한 이윤은 기업자율에 의해 처리되고, 경쟁 속에서 기업파산의 위험이 존재한다. 사회주의적 계획경제체제 하에서는 국가가 국가기금에서의 출연으로 기업을 설립하고, 국가의 계획지표에 따라 경영을 하며 여기에서 발생한 이윤은 국가기금으로 들어간 다음 국가적 판단에 의해 기업의 운용자금이 배분되는 관계로 기업파산의 위험은 국가가 보전하여 준다.

또한 자본주의기업은 제품가격의 책정에 있어서 기업의 효용과 소비자의 효용을 고려하여 기업스스로 책정하나 사회주의기업은 제품가격책정에 있어서 소지자는 전혀 고려하지 아니하고 국가 내 기업노동자 전체의 사회적 평균노동량만을 기준으로 국가가 계산하여 고시한대로 따라야 하는 것이 원칙이다.

국가차원 ☞

둘째, 국가차원에서 볼 때 한 국가의 경제체제는 전체 분야의 체제 중 하부구조를 대표하는 체제에 불과하지만, 이를 선택하고 유지하는 데에는 국민 전체의 가치판단에 의거하는 관계로 결국 국민에 의해 공유되고 그 국민에게 평가의 기준을 제공해 주는 국가전체의 이데올로기로까지 발전하게 되었다. 이와 같이 경제체제가 이데올로기화 되는 연유로 자본주의체제냐 사회주의체제냐 하는 경제체제의 선택으로 말미암아 국민들은 연대적 가치를 갖는 국가에 대한 귀속의식을 가지게 되고 국가는 국민 간의 공동체형성을 이룰 수 있게 되었다.

이데올로기 ☞

특히 자본주의체제냐 사회주의체제냐 하는 것은 국민으로 하여금 자신의 개인재산에 대한 포기를 결정하도록 하는 문제이기 때문에 경제체제는 그 국가의 경제분야를 포함한 모든 분야의 총체적이면서도 최우선적으로 해결해야 할 문제가 된 것이다.

그리하여 시장경제를 받아들여 문호를 개방하기 전까지 사회주의적 계획경제 하에 있었던 국가들은 경제체제의 차이로 인하여 자본주의적 시장경제체제의 국가와는 서로 간의 경제교류 뿐만 아니라 정치교류와 문화교류 등을 포함한 거의 모든 분야의 교류도 하지 아니하는 냉전상태를 유지하였다.

냉전상태 ☞

물론 종교 등의 이유로 국가간의 교류가 끊어지는 경우도 있겠으나, 반세기 이상 사회주의적 경제체제를 지향하는 20억 인구와 자본주의적 경제체제를 지향하는 20억 인구가 거의 모든 분야의 교류를 하지 않으면서 지나온 이유는 오로지 사회주의적 경제체제와 자본주의적 경제체제라는 양 국가집단간 경제체제의 차이 때문이었다. 즉, 모든 국가가 다른 경제체제를 가진 국가로부터 영향을 받거나 다른 경제체제로의 변환을 원하지 아니 하였기 때문이다.

지금까지 구성원의 문화는 물론 민족 자체가 같은 북한과 남한이 거의 모든 분야에서 교류가 이루어지지 아니하는 이유도 오로지 자본주의체제와 사회주의체제라는 경제체제의 차이 때문인 것을 볼 때 경제체제가 국가에 미치는 영향의 정도를 충분히 알 수 있을 것이다. 경제체제는 국가의 여러 분야의 체제가 종합된 국가전체체제의 하나의 하부체제에 불과하지만, 국가간 경제체제가 다른 경우에는 국가전체의 거의 모든 분야에서 국가적 유대관계를 가지지 아니하게 하는 정도로 경제체제는 국가차원에서도 모든 분야의 체제를 결정하는 힘을 가지고 있다.

셋째, 사회주의국가의 사회구조를 결정 짓는 경제하부구조에서의 단위에 대한 분석에 불과한 사회주의기업에 대한 경제체제적 분석은 사회주의기업의 전체특성과 사회주의국가의 경제적인 문제의 기본틀 및 국가의 전체 분야를 이해하는데 도움을 줄 뿐 아니라 세계차원에서 사회주의국가 전체가 궁극적으로 지향하는 바를 이해하는 데에도 도움을 준다.

세계차원 ☞

이와 같이 사회주의기업에 대해서의 단순한 경제체제적 분석이 모든 사회주의권 국가에 대한 분석에 상당한 도움을 줄 수 있다는 것은 사회주의적 계획경제체제의 성립배경과 상당한 관계가 있다. 왜냐하면, 자본주의적 시장경제체제가 발전하면서 부의 편중문제가 심각하게 대두되자 이를 고민하던 지식인들은 세계사적 관점에서 자본주의적 시장경제체제의 문제점을 극복하고 자신들이 지향하는 이상사회실현에 대한 핵심사안을 생산수단의 소유문제에서 찾아내면서 사회주의적 계획경제를 성립시켰기 때문이다. 그런데, 생산수단의 총합체가 기업이기 때문에 생산수단의 소유문제는 주로 기업소유문제와 관련하여 다루어졌다.

이상사회실현 ☞

기업소유문제 ☞

자본주의의 문제점을 극복하기 위해 이론적 추론에 근거하여 설립된 사회주의적 계획경제체제 이론의 핵심을 기업의 소유문제에서 찾았기 때문에 사회주의기업의 경제체제적 분석이란 사회주의적 계획경제체제의 궁극적인 목표와 일치할 수밖에 없고 사회주의권 전체의 모든 면과 깊은 연관성을 가질 수밖에 없다.

각각의 인간에 대한 자유를 실현하고자 발생한 자본주의적 시장경제체제는 중세까지의 신분사회를 벗어나기 위하여 지식인에 의해 만들어진 자유사상에 대한 이론과 시민혁명에 의해 형성된 근대자유주의사상을 기반으로 하여 동력의 발견으로 촉발된 산업혁명에 의해 이루어졌다. 이러한 산업혁명으로 인해 생산기업 중심의 사적인 화폐축적이 이루어졌다. 자본주의적 시장경제체제를 실제로 탄생시킨 것은 산업혁명이지만, 산업혁명은 신분의 세습을 없애게 한 자유사상과 시민혁명에 의해서 가능하였던 것이다.

그러나 신분의 세습을 극복하고 인간의 자유를 실현하고자 하는 자본주의적 시장경제체제가 민간적 자본축적에 의한 부의 편중문제를 나타내자, 이를 극복하고 인간전체에 대한 평등을 실현하고자 발생한 경제체제가 사회주의적 계획경제체제이다. 인간전체에 대한 평등을 실현하고자 발생한 사회주의적 계획경제체제는 지식인이 자본주의적 시장경제체제를 대체하는 이론을 세우고 민중혁명에 의해 형성되었다.

이와 같이 인간의 자유를 목적으로 하는 자본주의적 시장경제체제와 인간의 평등을 목적으로 하는 사회주의적 계획경제는 각각 지식인의 이론형성과 국민 대다수의 지원을 받은 혁명에 의해 이루러졌다 그런 관계로 사회주의적 계획경제의 문제점인 기업의 심각한 비효율성으로 사회주의적 계획경제체제가 붕괴되기 전까지 양 체제는 세계인구이 반반으로 나누어진 서로의 경제체제를 지키기 위해 냉전상태 하에 팽팽히 맞섰던 것이다.

요컨대 사회주의적 계획경제체제에서는 기업문제를 비롯한 모든 문제는 경제체제와 직접 연결되는 관계로 사회주의적 계획경제체제를 경험한 사회주의기업의 분석은 반드시 경제체제의 입장에서 분석하여야 한다고 볼 수 있다.

지금까지 본서에서 분석하고자하는 러시아, 중국 및 북한의 기업과 같이 사회주의적 계획경제체제를 경험하였던 기업에 대해 경제체제의 측면에서 분석한다는 의미는, 경제체제와 기업과의 관계로 인하여 사회주의기업 전반에 대한 성격뿐 아니라, 사회주의국가 및 사회주의권 전체에 대한 성격을 이해할 수 있게 된다. 이러한 사회주의기업에 대한 경제체제적 분석이 가지는 의미는 지금까지 기업전반, 국가전반 및 체제권전반을 다루면서 설명한 바와 같이 자본주의적 시장경제체제가 가지는 특성과 비교분석해 볼 때 더 명확해진다. 이는 〈표 3〉에 잘 나타나 있다.

〈표 3〉 경제체제적 기업분석의 확대의미

		사회주의적 계획경제체제	**자본주의적 시장경제체제**
기업전체차원	기업설립	국가기금의 출연	민간재산의 출연
	기업이윤의 처리	국가기금과 관련	기업의 자율처리
	기업파산위험	국가보전으로 없슴	항시 존재
국가차원	국가성립의 최우선적 조건	모든 국민의 사적 재산권 포기	모든 국민의 사적 재산권 인정
	냉전체제에 대한 국가적 필요성	필요	필요
세계차원	극복대상	부의 편중	신분의 세습
	목표	인간의 평등	인간의 자유
	경제체제의 성립방법	평등사상과 민중혁명	자유사상(시민혁명)과 산업혁명

1.2.3 기업개혁과 경제체제전환에서의 기업

사회주의기업이 가지는 비효율성은 여러 단계의 기업개혁 과정을 거쳐 개선되었기 때문에, 본서의 중국, 소련 및 북한의 기업에 대한 경제체제적 분석 또한 당연히 그 개혁과정에 대한 역사적 분석을 포함하였다.

국가차원개혁 ☞

게다가 사회주의적 계획경제체제 자체가 국가차원의 계획달성을 중시하였지만 기업차원의 생산성은 등한시하였기 때문에, 사회주의적 계획경제에서의 원천적 비효율성은 기업개별적 차원에서 발생하는 것이 아니라, 기업전체에서 동일하게 일어나는 국가차원에서의 발생하는 것이다. 그리하여 사회주의적 계획경제를 취하는 국가들은 경제체제 자체에서 필연적으로 발생하는 비효율성과 이로 인한 국가전체기업의 위기를 극복하기 위해 국가가 주체가 되어 기업제도를 개혁하는 국가차원의 개혁으로 일어난다.

기업개혁과정 ☞

그러나 사회주의적 계획경제라는 틀을 바꾸지 아니하고 일어나는 기업제도개혁은 경제체제 자체의 비효율성으로 인해 성과가 잘 나타나지 아니하사, 여러 번의 기업제도개혁을 할 수밖에 없었다. 그리하여 본서의 중국, 소련 및 북한의 기업에 대한 경제체제적 분석은 국가차원의 기업제도개혁의 입장에서 뿐 아니라, 여러 번에 걸쳐 실시되었던 기업개혁의 과정도 분석한다.

이와 같이 사회주의적 계획경제체제라는 기본틀을 유지하는 상태에서의 여러 번의 기업개혁과정에도 불구하고, 사회주의적 계획경제체제의 물적 기초를 제공하는 사회주의기업의 효율성은 별로 증대되지 아니하였는데, 이러한 상태에서 자본주의국가에 대한 완전개방이 이루어지자 사회주의소비자의 우수한 자본주의제품에 대한 일방적인 구매로 인해 사회주의적 계획경제체제는 붕괴되는 과정을 겪었다.

경제체제변환 ☞

이는 곧 경제체제의 변환을 말하는데, 사회주의기업에 대한 분석에서 경제체제적 분석이 중요한 또 하나의 이유가 되는 것이다. 즉, 〈그림 5〉에서 보듯이 냉전시대에는 이들 국가의 경제체제가 똑 같이 사회주의적 계획경제였으나, 현재는 중국은 사회주의적 시장경제체제로 경제체제의 변환을 하였고, 러시아는 자본주의적 시장경제체제로의 경제체제의 변환을 한데 비해, 북한은 지금도 사회주의적 계획경제체제를 고수하고 있다.

〈그림 5〉 기업개혁과 경제체제전환에서의 기업

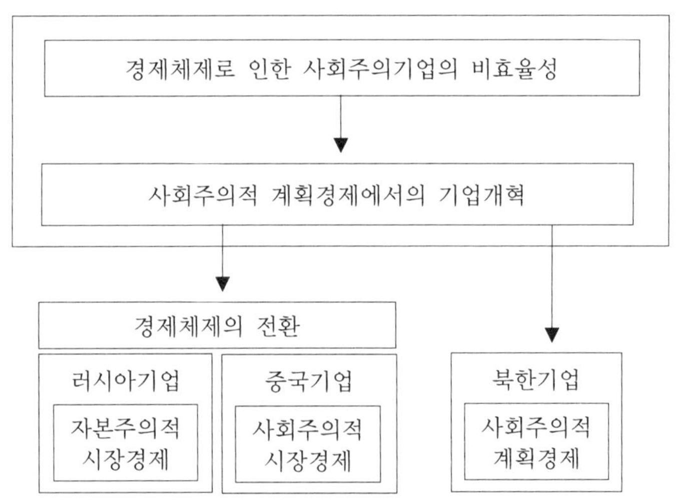

그리하여 이들 국가가 현재는 서로 다른 경제체제를 가지고 있으며, 앞에서도 말하였듯이 경제단위인 기업은 경제체제의 영향을 절대적으로 받을 수밖에 없다. 게다가 현재 법적으로는 자본주의적 시장경제체제를 받아들인 러시아도 과

거 70년간의 사회주의적 계획경제체제에 있었던 구습으로 인하여 기업 내부의 경영자태도나 종업원간의 관계 등은 아직도 완전한 자본주의기업과 상당히 다를 수밖에 없는 실정이다.

지금까지 살펴보았듯이, 사회주의기업에 대한 경제체제의 입장에서의 분석은 이들 기업을 이해하는데 있어서 가장 핵심적인 분석이라 할 수 있다. 그리하여 이들 기업을 설명하는데 경제체제의 입장에서의 분석을 아니한 것은 이들 기업에 대한 본질을 회피한 피상적인 분석에 불과할 뿐이라고 할 수 있다.

1.3 사회주의적 계획경제체제의 이론

1.3.1 사회주의적 계획경제체제의 이론적 틀

공간적 추론 ☞

시간적 추론 ☞

사회주의적 계획경제체제의 이론이 제품분석, 기업분석, 경제분석, 국가분석 및 세계분석으로 이어지는 공간적 추론과 세계의 역사분석에서 미래지향점까지 이어지는 시간적 추론의 성격을 가진다는 점은 사회주의적 계획경제체제의 목적이 인간전체에 대한 평등이고 기본전제가 노동가치론과 유물론이라는 사회주의적 계획경제체제의 이론적 틀에서 나온 당연한 결과라고 할 수 있다. 사회주의적 계획경제체제의 이론적 틀이 사회주의적 계획경제체제의 기초단위에서 전 사회범역에 적용된 결과로 볼 수 있다.

다시 말해 생산수단에 대한 국가소유 및 국가계획에 의한 경제조정이라는 사회주의적 계획경제체제가 갖는 경제체제적 성격은 사회주의적 계획경제체제의 평등이라는 목적 및 노동가치론과 유물론이라는 기본전제에서 나온 것이며, 이러한 경제체제적 성격이 사회주의적 계획경제체제의 전 범위에 걸쳐 적용되는 것은 당연하다(〈그림 6〉 참조).

사회주의적 계획경제체제의 목적은 인간전체의 평등이다. 앞에서 말한 바와 같이 인간의 자유를 목적으로 하는 자본주의적 시장경제체제가 부의 불평등의 문제점을 나타내고 자본가와 프로레타리아의 분리를 가져오자, 이를 극복하기 위하여 인간전체의 평등을 목적으로 탄생한 경제체제이다. 이리하여 사회주의적 계획경제체제에서는 국민전체가 기업을 공동으로 소유하게 되며, 이는 국가가 기업을 소유하는 모습을 보이게 된다.

〈그림 6〉 사회주의적 계획경제체제의 목적과 기본전제

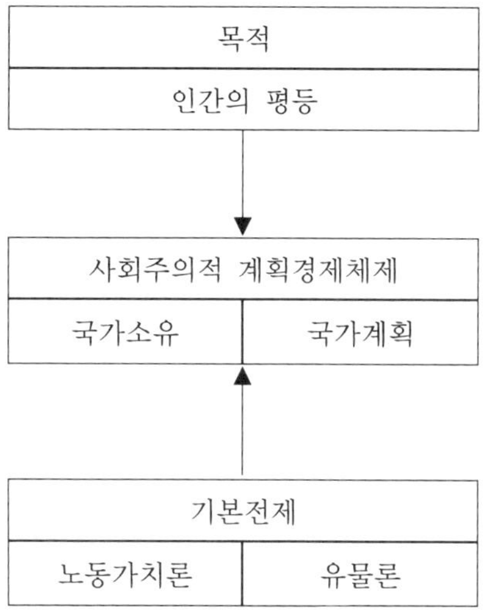

원칙적으로는 국가단위로 기업을 공동소유하나, 부분적으로는 지역단위로 또는 기업단위로 각 단위의 노동자가 공동으로 소유하는 형태를 띄기도 한다. 이와 같이 이 경제체제에서는 국가단위, 지역단위 및 기업단위로 그 구성원이 공동으로 기업을 소유할 뿐, 자본주의와 같은 개인단위의 기업소유는 인정하지 아니하므로 사회주의라고 명명하는 것이다. 사회주의에서의 기업의 소유자는 정확히 말해 사회공동체인 것이다.

사회공동체 ☞

그리하여 본서에서 사회주의기업을 국가소유의 기업이라고 하는데, 이는 정확히 말해 사회공동체가 소유하는 기업을 말한다. 그리고 기업이란 제품을 생산하는 조직체 모두를 말하므로, 본서에서 표현하고 있는 노동자란 노동가능한 모든 국민이라고 해석하여도 무방하다.

노동자 ☞

이러한 사회주의기업의 계속적 유지는 국가가 보장하여 주며, 노동가능한 국민은 모두 기업에 취업된다. 이들의 종신고용은 보장되는 상태에서 노동자의 시간당 임금은 동일하다. 또한 노동이 불가능한 장애자 등에게도 의식주나 교육 및 의료 등에 대한 최저의 생활을 국가가 보장하여 주는 관계로 적어도 국민전체에 대한 최저생활은 보장되는 것이다.

여기서 주의할 점은 노동자의 시간당 임금이 동일하기 때문에, 노동시간이 많은 노동자와 적은 노동자의 임금수령액은 다르게 나타난다. 또한 노동이 불가능한 장애자 등에 대해서는 최저생활만 보장될 뿐, 노동자의 임금보다는 생활수준이 떨어진다. 즉, 사회주의적 계획경제체제에서는 전국민에 대해 최저생활을 보장하는 상태에서, 노동시간에 따라 임금수준은 다를 수밖에 없는 것이다. 요컨대, 사회주의적 계획경제에서의 평등이란 절대적 평등개념이 아니고 상대적 평등개념이다.

상대적 평등 ☞

상대적 평등이란 원칙적으로는 이와 같이 노동시간에 따른 평등이라 할 수 있는데, 이러한 시간개념에 따른 평등도 사회주의 국가가 기업개혁을 실시하면서 국가라는 전체개념

기업의 생산량 ☞

보다 기업이라는 단위개념을 중시하였고, 평등개념은 기업의 생산량을 고려한 상대적 평등개념으로 발전하게 된다. 온전히 노동시간에 따른 상대적 평등개념에서는 국가 내 전

노동시간 ☞

체의 노동자에 대한 시간당 임금이 동일하나, 기업단위의 생산량을 고려한 상태에서의 노동시간에 따른 상대적 평등개념에서는 기업 내 전체노동자의 시간당 임금이 동일 할 뿐 국가의 전체노동자의 시간당 임금은 동일하지 아니하다. 이는 평등개념은 유지한 채 기업의 생산량을 향상시키려는 의도에서 나온 것이다.

기업의 판매액 ☞

이러한 기업단위의 생산량을 고려한 상대적 평등개념은 사회주의적 계획경제체제라는 틀이 유지되는 상태에서 기업의 판매액을 고려한 상대적 평등개념으로 발전된다. 이는 기업의 소비자에 대한 판매금액에 의거하되, 기업단위 내에서는 노동자의 시간당 임금이 동일한 상대적 평등개념을 말한다. 물론 여기에서도 사회주의적 계획경제체제의 기본적인 평등개념인 기업의 국가소유, 국가고시가격, 전국민에 대한 최저생활보장, 전 기업에의 도산방지보장 및 전 노동자의 종신고용이라는 개념은 바뀌지 아니한다(〈그림 7〉 참조).

〈그림 7〉 평등이념의 내용과 발전과정

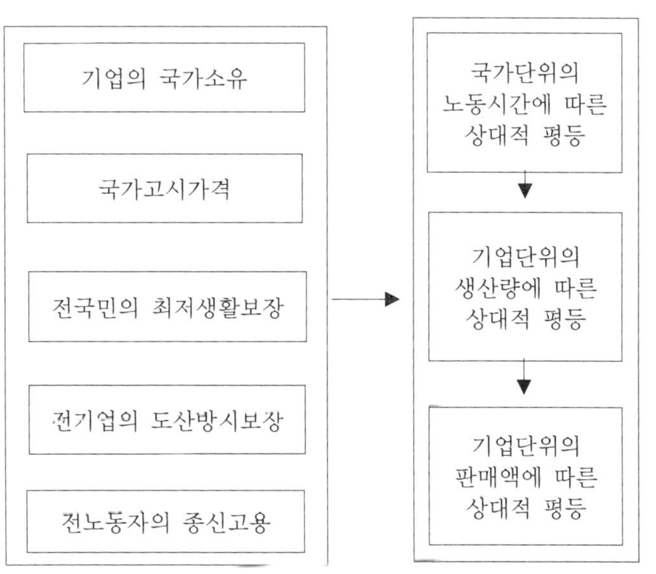

사회주의적 계획경제체제에서는 노동가치론에 의해 제품의 노동만이 가치를 창출한다고 하며, 제품의 가격도 노동자의 노동시간 즉, 노동량으로 계산하였던 것이다. 원래 가치란 인간의 생존에 있어서 가장 중요시하게 추구되는 객관적 당위를 말하는 것으로, 결국 의사결정주체의 목표실현에

제푼의 가격 ☞

대한 중요성으로 나타난다. 자본주의적 시장경제체제에서의 가치란 경제인의 욕망을 충족시키는 재화의 중요도를 말하며, 사회주의적 계획경제체제에서의 가치는 인간의 노동을 말한다.

자본주의적 시장경제체제의 가치는 어떠한 제품의 일정량이 다른 제품과 교환될 수 있는 교환가치를 의미하는데, 그 제품의 교환가치는 교환될 다른 제품의 수량으로 나타나기 때문에, 자본주의적 시장경제체제의 가치는 상대적 가치의 의미를 가진다. 교환가치는 공급자와 수요자의 입장을 모두 반영하는 시장에서의 가격으로 표시되는 관계로 제품의 가치는 그 제품의 시장가격으로 측정된다.

교환가치 ☞
가치 ☞
상대적 가치 ☞
시장가격 ☞

이에 비해, 사회주의적 계획경제체제에서의 가치는 재화에 내재되어 있는 속성을 나타내는 관계로 절대적 가치의 의미를 가진다. 절대적 의미를 가지는 사회주의적 계획경제체제의 가치는, 재화에 내재되어 있는 속성인 인간의 노동이 가지는 노동가치를 의미한다. 노동가치는 공급자 그 중에서도 노동을 제공하는 노동자나 경영자만의 입장을 반영하는 노동량으로 표시되는 관계로 제품의 가치는 제품에 투하된 노동량(노동시간)으로 측정된다.

절대적 가치 ☞
노동가치 ☞
노동량 ☞

또한 사회주의적 계획경제체제에서는 노동가치론에 의해 노동만을 생산요소로 인정한다. 자본주의적 시장경제체제에서의 생산요소에는 자본과 노동을 모두 포함하나, 사회주의적 계획경제체제에서의 생산요소에는 자본이 빠지게 된다. 즉, 사회주의적 계획경제체제의 이론에 의하면 노동자만이 가치를 창출하는 생산을 담당하며, 자본주의적 시장경제체제에서의 자본가는 가치를 창출하지도 아니하면서 노동자를 착취한다고 한다.

생산요소 ☞

지금까지는 노동을 언급할 때 기업 내 노동자의 노동만을 지칭하였는데, 정확히 말하면 기업 내 경영자도 노동을 제공한다. 사회주의기업의 경영자는 경영이라는 노동을 하는 것이다. 즉, 국가가 소유하는 사회주의기업의 경영자는 기업 내 노동자를 총괄하고 국가계획에 따른 생산량지표를 완수 내지 초과달성하는 노동을 하는 것이다. 기업개혁을 하여 생산량지표에서 판매액지표로 바뀌었다하더라도, 사회주의기업의 경영자는 판매액지표의 목표를 완수 내지 초과달성하려는 노동을 한다. 사회주의적 계획경제체제에서는 사적 자본가만을 인정하지 아니하는 것이다.

이와 같이 사회주의적 계획경제체제에서는 노동만이 가치를 창출하고 자본가를 인정하지 아니하기 때문에, 기업을 소유하는 주체가 국민전체라고 할 때의 국민개념에는 자본가가 포함되지 아니한다. 자본가가 제거된 상태에서 자신의 사적 자본이 없는 국민을 정확히 말해 인민이라고 하나, 인민이라는 말이 생소하고 부정적으로 보이는 관계로 본서에서는 계속 국민이라고 칭한다. 어쨌든 기업을 소유하는 주체가 국가라 할 때의 실제소유자가 국민전체라고 하였는데, 이때의 국민은 노동가치론에 의해 노동자가 되는 것이다. 이와 같이 기업의 국가소유라고 할 때의 이론적 배경에는 앞에서 말한 평등개념 뿐 아니라 노동가치의 개념도 포함되는 것이다.

국민개념 ☞

요컨대 사회주의적 계획경제체제에서는 노동가치론에 의해, 제품의 가격을 시장에서의 소비자가 가지는 효용을 무시한 채 공급측면에 있는 노동자의 제품생산을 위한 노동시간으로만 책정하고, 생산요소에 노동만을 인정할 뿐 아니라, 기업도 노동을 제공하는 자의 소유가 되는 것이다(〈그림 8〉 참조).

〈그림 8〉 노동가치론의 이론적 체계

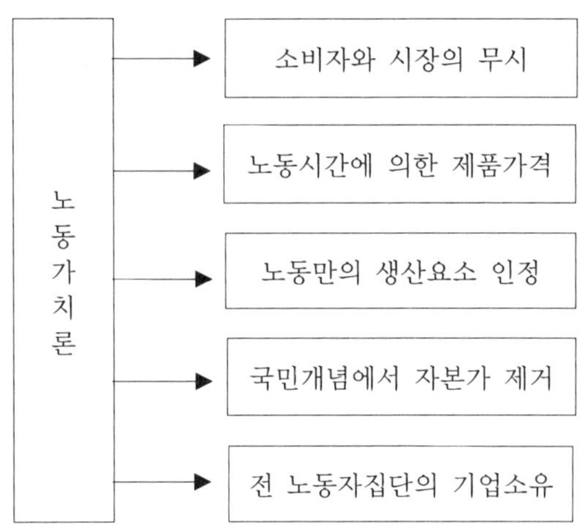

우주의 본질 ☞

사회주의적 계획경제체제가 가지는 또 하나의 기초적 이론인 유물론에 의하면 물질에 기초하는 경제적 하부구조가 사회의 상부구조인 정신세계 뿐 아니라 사회전체를 결정한다는 것이다. 원래 유물론이란 우주의 본질을 물질이라고 보는 이론으로 이에 의거하면 정신이란 고도로 발달된 물질인 두뇌가 작용한 결과 나타난 현상에 지나지 않는다고 본다. 그리하여 물질이 모든 세계의 본질이기 때문에, 당연히 정신은 물질에 의해 지배된다고 본다.

전체구조 ☞
하부구조 ☞
상부구조 ☞
생산관계 ☞

이를 인간사회의 측면에서 볼 때 물질적 하부구조는 물질로 이루어진 경제구조를 말하며, 물질로 된 경제적 하부구조는 정신적 상부구조를 결정하는 것은 물론, 사회의 전체구조를 결정한다고 보는 것이다. 그런데, 경제적 하부구조는 생산력의 소유자와 생산수단의 소유자의 관계로 되어 있어, 결국 인간사회란 생산력의 소유자와 생산수단의 소유자와의 관계, 즉 생산관계에 의해 움직인다고 본다.

경제하부구조 ☞

이와 같이 경제하부구조는 생산력의 소유자와 생산수단의

소유자와의 관계를 말하는데, 생산력의 소유자란 결국 노동가치론에 의해 노동자를 말하고 생산수단의 소유자문제란 앞의 경제체제분석의 포괄성에서 말하였듯이 경제체제의 근본을 말하는 것으로서, 경제적 하부구조란 결국 경제체제를 말한다. 경제체제가 사회의 모든 것을 결정한다는 것이다. 앞에서 말하였듯이, 사회주의적 계획경제체제에서는 경제체제가 사회의 기초단위에서 사회의 전 범역을 일맥상통하게 연결시켜주는 것이다.

또한 생산력의 소유자는 결국 기업에서의 경영자 및 노동자를 말하는 것이고, 생산수단의 소유문제는 결국 기업의 소유문제를 말하는 것이므로, 경제적 하부구조의 문제란 일단은 경제체제의 문제라 하겠지만, 궁극적으로는 기업에 대한 문제가 된다.

이러한 유물론적인 논리적 추론에 의해, 사회주의적 계획경제체제에서는 물질적 제품만을 가치를 창출하는 제품으로 인정하며, 물질제품의 생산만이 가치를 창출하는 생산으로 인정되었다. 이와 같이 물질만이 가치를 창조하고 물질이 정신을 포함한 모든 세계를 지배한다는 유물론은 사회주의적 계획경제체제의 이론적 배경을 이루어, 사회하부구조의 최저 기초단위인 제품에 대한 해석에서 시작하여 사회전체의 해석 및 사회발전에 대한 해석에도 적용된다.

이와 같이 기초단위인 제품에서부터 사회전체에 대한 유물론의 공간적인 확대추론은 세계의 과거에서부터 미래까지의 시간적 확대추론으로 이어져 사회주의적 계획경제체제의 역사관을 정립하여준다. 앞에서 인간세계란 생산력의 소유자와 생산수단의 소유자와의 관계에서 이루어진다고 하였는데, 사회주의시대 이전의 세계역사는 생산력의 소유자와 생산수단의 소유자가 일치하지 아니하여, 세계는 생산력의 소유자와 생산수단의 소유자가 일치할 때까지 발전을 계속한다고 한다. 즉 사회주의적 계획경제체제에서 말하는 유물론이란 공간적 구조를 설명하는 유물론과 시간적 발전개념이 합쳐진 유물론을 의미한다.

유물론으로 사회전체를 설명할 때, 사회의 정신적 상부구조는 물론 사회전체는 물질을 기초로 하는 경제적 하부구조에 의해 결정되는데, 이러한 하부구조는 생산력의 소유자와 생산수단의 소유자가 일치할 때까지 역사적 발전을 한다는 것이다(〈그림 9〉 참조).

〈그림 9〉 유물론의 이론적 체계

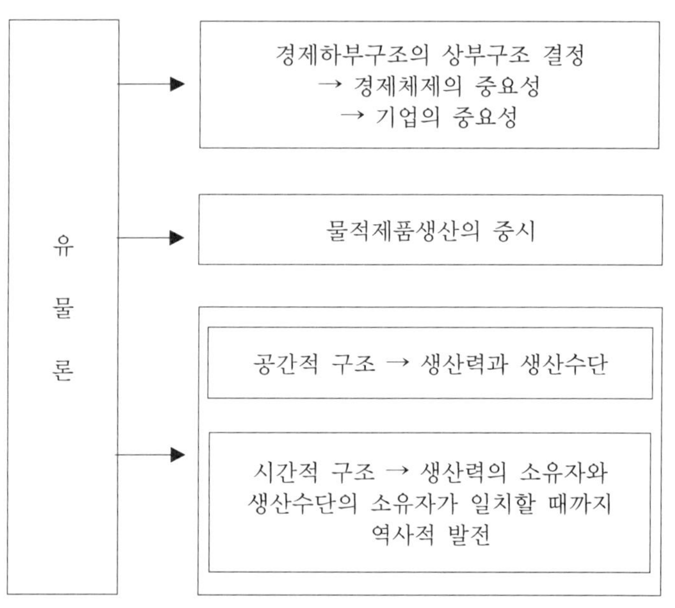

원시공동시대 ☞

먼저 원시공동시대에서는 생산력의 소유자와 생산수단의 소유자가 모두 원시인으로 일치하지만, 이러한 일치관계가 물질에 대한 이해관계로 불일치하게 되는 모순이 발생한다

노예사회시대 ☞ 고 해석한다. 그 후 로마 등의 노예사회시대에서는 생산력의 소유자는 노예인데 생산수단의 소유자는 자유시민 이상의 계급으로 된 관계로 생산력의 소유자와 생산수단의 소유

중세시대 ☞ 자가 불일치하여 이를 극복하고자 중세시대가 도래하나, 중세시대에서는 생산력의 소유자는 농노인데 생산수단의 소유자는 귀족 이상의 계급으로 불일치한 상태가 되고 이를 극복하고자 자본주의시대가 도래한다고 본다.

자본주의시대 ☞ 그러나 자본주의시대조차도 생산력의 소유자가 노동자인데 생산수단의 소유자는 자본가로 불일치하기 때문에 이를 극복하고자 생산력의 소유자인 노동자가 생산수단의 소유자

사회주의시대 ☞ 가 되는 사회주의시대가 된다고 본다. 즉 사회주의시대에는 생산력의 소유자와 생산수단의 소유자의 관계가 일치한다고, 사회주의적 계획경제체제의 이론에서는 해석하는 것이다. 이러한 사회주의적 계획경제체제의 이론에 따르면 자본주의국가에서는 생산력의 소유자는 노동자인데 반해 생산수단의 소유자는 자본가가 되어, 생산력의 소유자와 생산수단의 소유자의 관계가 불일치한다고 보는 것이다. 자본주의국가에서의 생산력소유자를 노동자로 보는 이유는 앞에서 말한 노동가치론에 의거한다. 즉 노동만이 가치를 창출히므로, 생산력의 소유자는 당연히 노동자인 것이다.

사회주의적 계획경제체제의 이론에 의하면, 사회주의시대

공산주의시대 ☞ 에서 물질이 아주 풍부해지면 역사발전의 마지막 단계인 공산주의시대가 도래한다고 한다. 즉, 사회주의시대란 자본주의시대에서 이상적인 공산주의시대에 이르는 중간단계일 뿐이며, 사회주의시대의 과제는 자본주의시대의 풍부한 물질구조를 민간적 자본축적이 없는 상태로 변환시킨 다음 경제발전을 계속하여 전세계사람들의 욕구를 모두 충족시킬 만큼의 경제여건을 만들어 놓는 것이다. 그리하여, 이상적인

공산주의시대는 지속적인 경제발전을 한 사회주의시대를 계승하기 때문에, 민간적 자본축적이 없는 물질적 풍요상태에서 화폐도 없고 모든 물질은 필요에 따라 분배되며 국가란 개념은 희박해지는 세계적인 공산주의시대가 도래된다고, 사회주의적 계획경제의 이론은 설명하는 것이다.

공산주의시대의 이전단계인 사회주의시대에서는 생산력의 소유자인 노동자가 생산수단을 소유하기 위해, 민간인의 자본축적을 금지한 채 생산수단을 노동자들이 평등하게 소유하도록 노동자의 집합체인 국가기관이 공동으로 소유하는 국유제를 실시하는 것이다. 또한 노동자가 국가기관을 통해 생산수단을 공동으로 소유하기 때문에, 노동자를 대리하여 결정하는 국가기관의 기업에 대한 의사결정은 노동자의 결정으로 인정하는 것이다.

물론 자본주의시대의 생산력소유자와 생산수단의 소유자가 불일치하다고 하는 사회주의적 계획경제체제의 해석을 자본주의적 시장경제체제의 이론에서 본다면, 생산력소유자와 생산수단의 소유자는 일치하게 된다. 즉, 자본주의적 시장경제체제의 이론에 의하면 정신과 물질 어느 것도 종속관계에 있지 아니한 상호대등한 관계이고 생산요소도 자본과 노동 모두 가치를 창출하는 생산요소로 보기 때문에 자본가는 자본을 제공하고 노동자는 노동을 제공하여 자본가와 노동자 모두 생산력의 소유자가 된다.

또한 자본으로써 생산력을 소유하는 자본가는 자신의 노력으로 시장에서 얻은 자본을 가진 상태에서 자본제공에 대한 대가를 가지고, 노동으로써 생산력을 소유하는 노동자는 노동에 대한 대가를 가지기 때문에 자본주의적 시장경제체제의 이론에 의한 자본주의국가에 대한 해석에서 생산력의 소유자와 생산수단의 소유자의 관계는 일치한다고 볼 수 있다.

지금까지 본 바와 같이 인간전체의 평등을 목표로 하는 사회주의적 계획경제체제는 노동가치론과 유물론의 기본전제 하에 제품분석에서 시작하여 세계분석에 이르기까지 공간적 일관성을 가지고 있으며, 과거, 현재 및 미래에 대한 시간적 일관성을 가지고 태동하였다. 이리하여, 본서의 사회주의기업에 대한 경제체제적 분석은 앞에서 말한 국가전반 및 기업전반에 대한 분석이 될 뿐 아니라, 사회주의적 세계관 및 사회주의적 세계사에 대한 분석이 되기도 한다.

요컨대, 각각의 인간에 대한 자유를 실현하고자 하는 자본주의적 시장경제체제가 민간적 자본축적을 통한 부의 편중문제가 심회되자, 이 문제점에 대해 고민하던 지식인들은 기업의 사적 소유에 원인이 있다는 것을 발견하였고, 자본주의적 시장경제체제를 극복하는 사회주의적 계획경제체제는 인간전체에 대한 평등을 실현하고자 노동가치론과 유물론의 전제 하에 탄생되었던 것이다. 이러한 관계로 사회주의기업에 대한 경제체제적 분석은 제품분석에서부터 사회전체에 대한 분석은 물론 세계의 역사적 분석에서 세계의 미래해석과도 상당한 관련성이 있어 사회주의기업이 분석 그 자체는 사회주의국가의 환경분석에도 기본적인 틀을 제공해 주는 것이다.

1.3.2 사회주의적 계획경제체제 이론의 장단점

1.3.2.1 장점

인간전체의 평등을 목표로 하는 사회주의적 계획경제체제의 이론에 의하면, 생산력의 소유자와 생산수단의 소유자가 일치하게 된다고 한다. 그리하여 생산수단을 노동자만으로 이루어진 국민의 전체가 소유하게 되어 전국민의 평등이 구조적으로 이루어지게 하는 장점이 있다. 자본주의적 시장경제체제의 문제점인 부의 편중 문제가 해결될 수 있는 것이다. 이에 더하여 전국민의 의식주는 물론 교육과 의료 등에 대한 최저생활을 보장하여 주는 장점이 있다. 사회주의적 계획경제체제의 목표는 인간전체의 상대적 평등이기 때문에, 생산요소 및 제품에 있어서도 인간사회의 평등을 위한 도구로서의 기능이 중요하지 제품의 품질은 그리 중요한 문제가 되지 아니하였다.

기업에 취직된 경영자나 노동자는 기업의 도산위험과 자신의 해고위험을 걱정하지 아니하기 때문에 이직에 대한 두려움이나 타기업으로의 전업을 걱정하지 아니하고, 오로지 제품생산에만 전념할 수 있는 장점이 있다. 특히 주택마련 및 창업을 할 필요가 없어, 이를 위한 다년간의 내핍생활을 하지 아니하고 임금만으로 일상적인 생활을 영위할 수 있는 장점을 가지고 있다. 자신이 속해있는 기업에서의 노동시간, 생산량 및 판매액에 따라 제한적이나마 능력을 인정받을 수 있어, 어느 정도의 능력에 따른 동기부여도 받을 수 있다.

또한 사회적으로 볼 때에도 사회주의적 계획경제체제에서는 전체인간에 대한 평등한 부의 배분으로 인해 자본주의적 시장경제체제에서와 같이 민간적 자본축적으로 인한 사적 투기현상이 일어나지 아니한다.

사회주의적 계획경제체제에서 노동가치론과 유물론을 이론적 기본전제로 받아들인 것도 인간전체의 평등이라는 목표를 달성하기 위함이기 때문에 노동가치론의 장점 또한 결국은 인간평등의 면에서 찾을 수 있다.

노동가치론은 단위시간당 인간노동에 대해 균등한 가치를 창조한다고 간주하였기 때문에 평등이념의 기초를 제공해 주는 측면이 있는 것이다. 즉 사회주의기업에서는 노동가치론에 의거하여 노동만이 가치를 창출하는 생산요소로 보아 노동자만을 생산력 보유자로 취급하였는데, 이로 인하여 자본주의적 시장경제체제에서의 민간적 자본축적에 의한 부의 편중문제를 극복할 수 있는 장점을 가진다. 이에 비해 자본주의기업에서는 자본과 노동이 모두 가치를 창출하는 생산요소로 보는 관계로 자본가와 노동자 모두에 대해 생산력을 보유한 생산력 보유자로 취급하여, 결국 부의 불평등을 초래하였던 것이다. 또한 자본의 상속과 관련하여 자신의 능력과 관계없이 태어날 때부터 자본을 축적할 수 있게 되는 문제점을 가진다. 특히 자본이 생산으로 쓰이지 아니하고 거래차익을 노리는 단기투기자본으로 쓰이는 경우 이로 인해 사회적 공황까지 가져와 사회전체의 불이익을 가져오게도 한다.

노력하는 인간만이 혜택을 받을 수 있다는 노동가치론은 이러한 민간적 축적자본의 여러 문제점을 극복할 수 있는 장점을 가진다. 즉 노동한 자만이 그에 대한 급부를 받을 수 있기 때문에 자본의 상속으로 인한 세습적 불평등을 막을 수 있으며, 인간의 노동시간은 제한되어 있기 때문에 노동가치론에 의해 사회질서를 잡으면 당대적 부의 편중이 일어날 수 없으며, 사회적 공황 또한 일어나지 아니한다는 장점을 가지고 있다.

또한 사회주의자들은 그들의 사회주의적 이론정립의 초창기에 자본주의적 생산방식에 대해 노동자는 자신이 만든 제품으로부터 소외된다는 방식이라고 비판하였는데, 노동가치론에 의하면 노동자의 노동이 제품에 현시화된다고 보기 때문에, 노동자와 자신의의 생산제품의 관계는 그만큼 밀착되어 있고 또한 노동자는 자신의 제품에 대해 애착이 있다고 볼 수 있다. 즉, 노동가치론은 기업의 대다수를 차지하는 노동자의 입장을 대변해주는 면을 가지고 있다.

그리고 유물론에 근거하여 사회의 하부구조가 사회전체의 구조를 결정짓는다고 하여 생산력의 소유문제와 생산수단의 소유문제의 관계를 이끌어낸 뒤, 자본주의적 시장경제체제의 여러 문제점은 생산력의 소유문제와 생산수단의 소유문제의 관계가 일치하지 않아 발생한 것이므로, 생산력의 소유문제와 생산수단의 소유문제의 관계가 일치하는 사회주의적 계획경제체제의 당위성을 설명하였다.

이러한 유물론은 노동가치론과 결합하여, 사회주의국가가 자본가를 제외한 경영자와 노동자만으로 구성되어야 하는 근거를 제공하여, 경영자와 노동자만으로 이루어진 국민이 공동으로 사회주의기업을 소유하게 하였다. 이와 같이 유물론과 노동가치론은 국민전체의 평등을 목표로 하는 사회주의적 계획경제체제의 근거를 제시하는 기본전제가 된다. 노동가치론과 유물론을 근거로 하는 사회주의적 계획경제체제의 평등이념은 한 세기에 가깝도록 전세계 인구의 절반에 해당되는 사람들의 지지를 받게 되었다(〈그림 10〉 참조).

〈그림 10〉 사회주의적 이론체계의 장점

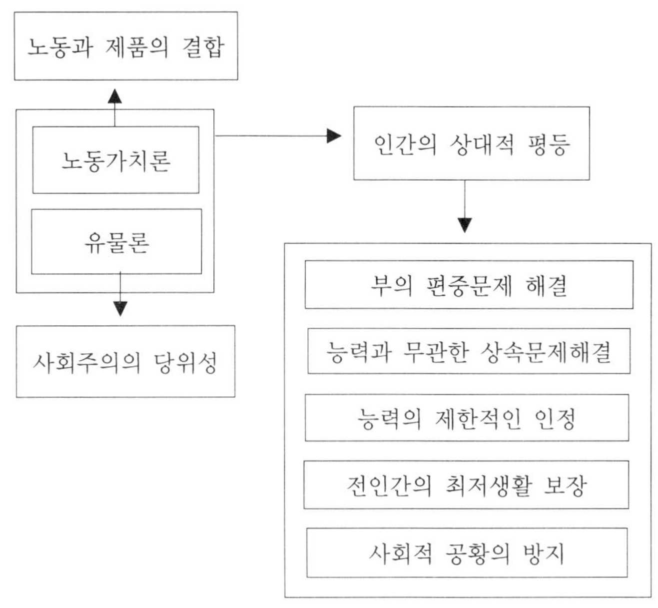

1.3.2.2 단점

인간의 평등을 목적으로 하는 사회주의적 계획경제체제는 그 이론자체가 비효율성을 가지고 있다. 이러한 사회주의적 계획경제체제의 이론 자체가 가지는 비효율성은 앞의 장점에서 밝혔듯이 주로 사회주의적 계획경제체제의 목적인 평등이념의 문제점에서 연유된다.

사회주의기업은 국가소유인 관계로 기업도산에 대한 위험이 존재하지 아니하고 모든 노동자는 기업에 취직되어 종신고용되기 때문에 자본주의기업에 비해 신제품개발 등을 등한시하고 근무태만을 야기하는 상대적 비효율성을 원천적으로 지니고 있었다.

자본주의적 시장경제체제에서는 경쟁기업이 신제품을 출

시할 때 적어도 그와 같은 정도의 신제품을 개발하지 아니하면 기업도산의 위험이 존재하여 자본주의기업은 항상 신제품을 개발하여야 하며 이를 생산할 생산시설을 갖추어야 한다. 그러지 아니하면 항상 더 좋은 품질을 선호하는 소비자에게 외면당하여 그 기업은 경쟁시장에서 퇴출되기 때문이다. 자본주의적 시장경제체제에서는 신제품개발이 기업단위로 이루어져 경쟁시장 전체로 볼 때에는 계속하여 신제품이 등장하기 마련이어서 자본주의적 시장경제체제의 신제품개발 속도는 매우 빠르다.

이에 비해 사회주의기업도 신제품을 개발하기는 하나 그 개발을 국가가 통일적으로 하고, 극단적으로 신제품개발을 하지 아니하여도 기업은 도산될 위험이 없기 때문에 사회주의기업의 신제품개발 속도는 자본주의기업의 신제품개발 속도에 비해 상당히 느릴 수밖에 없는 것이다. 또한 사회주의기업의 종신고용보장으로 인해 사회주의기업의 종업원은 자본주의기업에서와 같은 종업원의 직장으로부터의 해고위험이 없어, 사회주의기업의 종업원은 그만큼 상대적으로 근무태만 및 창의성부족 현상을 보이게 된다.

이와 같은 기업의 도산위험도 및 종업원의 해고위험도의 차이가 70년간 계속된 결과 사회주의국가와 자본주의국가와의 교류가 완전히 자유로워졌을 때 사회주의국가의 소비자조차도 사회주의기업의 제품을 구입하지 아니하여 개방 즉시 사회주의기업은 생산을 중지하게 되었고, 급기야는 사회주의적 계획경제체제는 붕괴되는 현상을 가져왔다.

물론 사회주의기업의 도산위험이나 종업원의 해고위험이 없어도 모든 인간이 사회를 위해 자신을 희생한다면 사회주의기업의 신제품개발속도나 종업원의 근무성실도 및 창의성이 좋게 나타날 수 있다. 그러나 사회주의국가의 국민도 사회를 위해 자신을 희생하는 사람이 거의 없어 사회주의적 계획경제체제는 붕괴되었던 것이다. 경쟁에 의한 효율성증대라는 측면을 완전히 무시하였던 것이다. 결국 인간의 평등을 목표로 하여 기업이나 개인과 같은 단위에 대한 위험요소를 없애고자 하였던 사회주의적 계획경제체제의 이론에는 전체를 붕괴시키는 위험요소가 내재하고 있었던 것이다.

평등개념은 결국 자본가가 제거된 뒤 노동자집단만으로 구성된 국가의 기업소유를 유도하는 동시에 민간자본의 국가기금으로의 전환을 유도하는데, 이는 사회주의기업의 비효율성의 근본원인이 되었다. 즉 국가소유 상태의 국가기금에 의한 기업경영은 국가의 기업에 대한 계속적인 존속보장과 노동자의 종신고용을 상정하는데 이는 기업의 생산성저하와 노동자의 태만을 가져왔던 것이다. 왜냐하면 생산성이 떨어져도 기업은 유지되고, 일을 게을리 해도 봉급이 나오기 때문이다.

또한 사회주의적 계획경제체제의 노동가치론에 의거하여 공급자 중 노동자의 제품생산을 위한 노동시간이 가치척도의 기준이 되고 있어 수요자 측의 입장은 거의 무시되었다. 이와 같이 사회주의적 계획경제체제의 이론에서는 소비자의 욕구를 별로 고려하지 아니하는 관계로 우수한 품질과 다양한 기능 및 디자인을 선호하는 소비자의 욕구를 충족시켜주지 못하는 원천적인 비효율성을 가지고 있는 것이다. 사회주의적 계획경제체제가 소비자의 욕구를 무시하는 관계로, 사회주의기업은 우수한 품질과 다양한 기능 및 디자인을 위한 연구개발 및 생산시설 증대를 소홀히 하게 되었다.

노동가치론에 의하면 노동자의 단위시간당 가치창출이 동

일하다고 하였는데, 이는 비록 사회주의기업의 생산성을 나타내는 생산량의 기준으로 볼 때에도 노동시간이 동일한 여러 노동자는 각기 상이한 량의 제품을 생산할 뿐 아니라 동일한 노동자도 여건에 따라 동일한 노동시간에 상이한 양의 제품을 생산하는 것이 대부분이어서 이론상으로도 모순점을 가지고 있다.

노동가치론은 제품의 가격을 산정하는 데에 있어서 공급자의 측면만 고려하는 면이 있는 것도 하나의 문제점으로 지적될 수 있다. 물론 이 문제는 제품의 가격을 공급자와 수요자의 모든 측면을 고려하는 시장가격과 공급자의 측면만을 고려하는 노동량에 의한 가격 중 어느 것이 옳으냐하는 가치선택의 문제여서 어느 것이 옳으냐하는 문제는 아니지만 노동가치론은 공급자의 측면만을 고려하기 때문에 너무 단편적이라는 문제점을 가지고 있다.

또한 유물론에 의거하여 볼 때, 서비스산업 등에 대한 비물질적 생산은 가치를 창조하는 생산적 노동으로 인정되지 아니하고 물적 생산을 위한 보조생산으로만 취급된다. 그러한 관계로 사회주의적 계획경제체제에서 서비스산업이나 정보산업이 거의 발전되지 아니 하였으며, 이는 기업의 창의성을 저해하는 요소가 되었다. 현대에는 정보의 사회로 비물질적인 정보의 가치가 매우 중요한데, 이러한 정보에 의한 가치창조를 무시하고 물질적 제품만을 생산하려는 사회주의기업은 그만큼 비효율적인 면을 가지고 있다.

특히 제품의 품질 면에서는 상당한 비효율성을 나타내었다. 많은 노동시간에 의해 만들어지면 우수한 질의 제품이 된다고 생각할 수 있지만, 산업이 발달할수록 부속품이 많아지는 복잡한 제품이 주를 이루기 때문에, 제품에서는 일반적으로 인간의 노동이 거의 안 들어가는 로봇에 의한 제품생산이 오히려 제품의 품질을 더 향상시키는 것이다. 복잡제품은 인간노동이 더 들어갈수록 불량품으로 나타나는 경우가 많은 것이다.

이와 같이 사회주의기업은 노동가치론과 유물론으로 인해 비효율성을 원천적으로 가지고 있었으며, 이러한 기업의 비효율성은 결국 사회주의의 붕괴의 근본원인이 되었던 것이다.

또한 사회주의의 노동가치론과 유물론은 이론적으로도 사회주의의 전단계인 자본주의에서 자본가의 재산을 몰수하는 민중혁명을 요구하고 있어 자본가에 대한 경제적 피해 및 인명적 피해를 가져올 가능성이 있으며, 실제로 모든 사회주의의 설립에는 이러한 현상이 발생하였다. 다수의 행복을 위해 소수의 경제적 및 인명적 손실이 필요하느냐 하는 문제점을 남겼다. 그런데 중세의 신분사회로부터 자본주의사회를 이룰 때에도 민중혁명을 요구하였기 때문에 다수의 행복을 위한 소수의 경제적 및 인명적 손실은 사회주의만의 문제점은 아니다.

이와 같이 사회주의기업은 제품생산을 통해 가치를 창출함으로써 사회주의적 계획경제체제의 물적 기초를 제공하는 역할을 해야함에도 불구하고, 사회주의적 계획경제체제의 이론이 가지는 비효율성으로 인해 그 역할을 제대로 수행할 수가 없었다. 사회주의적 계획경제체제의 이론 자체가 비효율성을 나타내자 사회주의국가는 기업의 국가소유 및 국가계획에 의한 경제조정이라는 경제체제의 기본틀을 유지하는 상태에서 기업개혁을 실시하였다. 사회주의이론에 따른 생산자중심의 국가계획지표는 생산보다는 판매로 변환되고 양적 개념보다는 금액개념으로 변환되어 소비자 중심의 기업경영으로 기업개혁을 할 뿐 아니라 국가계획에 따른 기업경영에서 국가독립적인 기업자율에 따라 기업경영을 하게 되는 기업개혁과정을 거치게 된다(〈그림 11〉 참조).

〈그림 11〉 사회주의적 이론체계의 단점

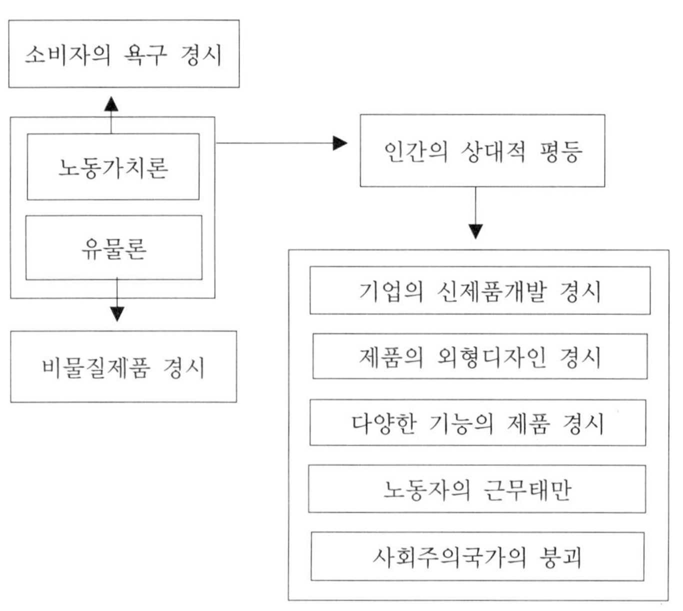

사회주의붕괴 ☞

지금까지 살펴보았듯이, 사회주의국가전체의 붕괴를 가져온 사회주의적 계획경제체제 자체의 비효율성은 기업이 소비자욕구와 비물질제품 생산을 경시하게 하는 경제체제의 기본전제와 기업으로 하여금 신제품개발, 제품의 외형디자인 및 다양한 기능을 경시하게 하고 기업 내 노동자의 근무태만을 종용하는 경제체제의 목표에서 연유하였다. 다시 말해 사회주의적 계획경제체제의 노동가치론과 유물론이라는 기본전제와 평등이라는 목표로 인해 발생한 사회주의붕괴는 기업의 비효율성에서 연유하였던 것이다. 왜냐하면 앞에 나열한 사회주의적 계획경제체제 이론의 비효율성은 온전히 기업의 문제이기 때문이다.

인간의 평등을 추구하는 사회주의적 계획경제체제는 이론 자체가 기업효율성을 무시한 관계로 사회주의적 계획경제체제 자체가 붕괴되었던 것이다. 사회주의적 계획경제체제의 비효율성이 온전히 기업문제인 것은 생산력의 소유문제와 생산수단의 소유문제에서 출발한 사회주의적 계획경제체제의 기본구조가 기업 내 노동자의 생산력 및 기업의 소유문제라는 점에서 볼 때 당연한 귀결이라 할 수 있다.

기업효율성 ☞

기업문제 ☞

기본구조 ☞

참고문헌

· 공병호 (1997), 「시장경제란 무엇인가」, 자유기업센터. pp33-138.
· 김덕중/ 성태경 (1996),「경제학과 사회」, 형설출판사. pp.37-71.
· 김상겸 (2005), "북한의 가격체계", 내: 「현대북한경제론 (편: 북한경제포럼)」, 오름. pp.399-440.
· 김영봉 (1987), 「경제체제론」, 박영사. pp.3-60.
· 안병영 (1986), 「현대 공산주의 연구」, 한길사. pp.159-348.
· 오용석 (1988), 「공산권 경제의 탈마르크스 경제학: 소련, 중공, 동구경제의 운용원리와 개혁의 논리」, 슬라브연구사. pp.62-95, pp.336-378.
· 이정전 (1993), 「두 경제학 이야기: 주류경제학과 마르크스경제학」, 한길사. pp.69-192, pp.297-372.
· 조규진 (1997), "경제체제변환 전 · 후의 사회주의 기업운영에 대한 경제체제적 분석", 한국질서경제학회, 질서경제저널, 1호, pp.277-303.
· 조규진 (1998), "구사회주의권 기업위기의 원인과 이의 극복과정에 대한 경제체제적분석; 중 · 러기업을 중심으로", 한국경영학회, 추계학술연구발표. pp.509-514.
· 조규진 (2008), "과거 사회주의 국가의 제품가격 책정에 대한 국가기금의 영향 - 이론적 접근", 경영사학, 23집 1호, 한국경영사학회. pp.225-250.
· 조규진 (2009), "체제전환국가들의 기업사유화 및 제품가격변환 과정에 대한 서술적 비교연구 -러시아.중국.동독을 중심으로 -", 경영사학, 24집 1호, 한국경영사학회. pp.113-136.
· 조규진/ 최용민 (2005), "러시아 외환정책의 변천과정에 대한 사적 고찰", 경영사학, 20집 5호, 한국경영사학회. pp.213-240.
· 조용범 (1987), 「경제체제론」, 한울사. pp.17-60, pp.189-194.
· 한센 (1989), 「자본주의 붕괴논쟁」, 과학과 사상. pp.34-75.
· 함건식 (1985), 「국제가치론: 불평등교환의 이론분석」, 지양사, pp.95-137.
· 황준성 (2007), "독일통일 15년의 사회경제적 평가와 시사점", 경상논총 제 25권 제 4호, 한독경상학회. pp.71-88.
· Becher, J./ Fabiunke, G./ Hoell, G. et al. (1977), *Politische Ökonomie des Kapitalismus und des Sozialismus*, Ost-Berlin. pp.564-566, pp.716-721.
· Cassel (1984), "Wirtschaftspolitik in alternativen Wirtschaftssystemen", in: *Wirtschaftspolitik im systemvergleich* (ed. Cassel D.), München, pp.1-19.
· Furtak (1979), *Die politischen Systeme der sozialistischen Staaten*, München. pp.7-30.
· Gutmann, G./ Klein, W. (1984), "Wirtschaftspolitische Konzeption sozialistischer

Planwirtschaften", in Cassel, D.(eds.) *Wirtschaftspolitik im Systemvergleich*, München, pp.93-116.
· Guttmann, G. (1981), *Volkswirtschftslehre - Eineordnungstheoretische Einführung*, Stuttgart. pp.29-33.
· Joe, G.-J. (1992), "Distributionspolitische Strategien der multinationalen Unternehmungen gegenüber Ländern des Westens und des Ostens (Ein Vergleich der Beziehungen zu ihren Distributionsorganen in Absatzkanälen), Universität zu Köln, pp.80-100.
· Klump, R. (1989), *Einführung in die Wirtschaftspolitik - Theoretische Grundlagen und Anwendungsbeispiele*, München. pp.122-133.
· Kosta, J. (1984), *Wirtschaftssysteme des realen Sozialismus - Probleme und Alternativen*, Köln, Bund Verlag. pp.19-41.
· Lenin, W. I. (1987), "Der Imperialismus als höchstes Stadium des Kapitalismus", in: W.I. Lenin - Ausgewählte Werke, *Institut für Marxismus-Leninismus*, Moskau, S. pp.164-257.
· Mandel, E. (1972), *Marxistische Wirtschaftstheorie* (Übers.: Boepple, L.), Frankfurt. pp.102-153.
· Marx, K. (1952), "Kritik des Gothaer Programms", in: Karl Marx und Friedrich Engels - *Ausgewählte Schriften in zwei Bänen*, Band II, Ost-Berlin, S.. pp.7-40.
· Marx, K. (1965), *Das Kapital - Kritik der politischen Ökonomie*, Band I, Ost-Berlin. pp.25-191.
· Marx, K./ Engels, F. (1952), "Manifest der Kommunistischen Partei", in: Karl Marx und Friedrich Engels - *Ausgewählte Schriften in zwei Bänden*, Band I, Ost-Berlin, S.. pp.15-54.
· Sik, O. (1987), *Wirtschaftssysteme: Vergleich - Theorie - Kritik*, Berlin, Springer Verlag. (1987), pp.17-58.
· Wilczynski, J. (1974), *Das sozialistische Wirtschaftssystem*(Übers.: Eekhoff, G.), Köln. pp.13-35, pp.144-158, pp.231-255.

제2장
사회주의기업의 제품생산과 자금운영

2.1 사회주의기업분석의 의미

경제체제특성 ☞

사회주의적 계획경제체제에서는 기업과 토지와 같은 생산수단을 국가가 소유하고 국가계획에 의해 경제조정이 이루어져, 민간인이 기업을 소유하며 경제조정이 수요와 공급이 만나는 시장에 의해 이루어지는 자본주의적 시장경제체제와는 근본적으로 다르다. 사회주의적 계획경제체제의 원리에 따르면 국가가 기업을 소유한 상태에서 지표화된 국가계획에 의해 기업을 운영하고 제품의 가격도 정부가 고시를 통해 형성함으로써 국가계획이 경제를 조정한다. 사회주의기업의 특성은 이와 같은 경제체제의 특성에 연유하여 발생한다.

기업에의 영향 ☞

이러한 관계로 본문에서는 사회주의기업을 주로 경제체제가 가지는 기업에의 영향을 고려하여 분석할 것이다. 즉, 경제체제가 사회주의기업에 주는 영향을 기업의 제품생산과 자금운영에 대해 분석한 다음, 경제체제가 다른 자본주의기업의 경우와 비교하면서 상대적인 장점 및 난점도 분석할 것이다.

제품생산 ☞

먼저 사회주의기업의 제품생산에 있어서 사회주의적 계획경제체제가 가지는 노동가치설과 유물론의 입장에서의 생산요소 및 제품을 보는 입장이 자본주의기업과 매우 상이하기 때문에 사회주의기업의 생산요소와 제품을 분석한다는 것은 결국 자본주의기업의 생산요소와 제품에 대한 차이점을 찾아내는 것이라고 할 수 있겠다. 즉 자본주의기업에서는 노동과 자본을 모두 생산요소로 보고 기업이 생산하는 모든 제품이 가치를 창출한다고 보는 반면, 사회주의기업에서는 노동가치설의 입장에서 노동만을 생산요소로 보고 유물론의 입장에서 물질적 제품만이 가치를 창출한다고 보는 것이다.

자금운영 ☞

그리고 사회주의기업의 자금운영을 분석한다는 것은 국가기금과 관련하여 고찰한다는 것이 되는데, 이는 기업설립 및 기업운영에 대한 자금이 민간적으로 축적된 자본에서 나오는 자본주의기업과는 달리 사회주의기업에서는 국가기금으로부터 나오기 때문이다. 기업이 국가소유이기 때문에 사회주의기업과 국가기금의 관련성은 기업설립에서부터 기업을 운영하는 모든 자금은 국가차원의 국가기금으로부터 나오고 기업의 이윤은 국가기금으로 들어갈 뿐 아니라 국가기금의 모든 운영 또한 국가차원에서 이루어져야 한다는 뜻이다.

경제조정 ☞

그런데, 이미 설명하였듯이 국가계획에 의한 경제조정도 원천적으로는 기업의 국가소유에서 파생된 원리에 불과하다. 즉 기업을 모두 국가가 소유하기 때문에 사회주의체제 내의 모든 기업을 국가가 경영하는 것은 당연하다. 기업의 모든 사안을 국가가 경영하는 것은 불가능하기 때문에 국가는 국가계획을 통하여 특정기업에 대해 목표생산량 등의 틀만 정해주고 이것이 완성되었는가에 대한 통제만 할 뿐 집행에 대한 문제는 특정기업에 맡기는 것이다.

2.2 사회주의기업의 제품생산

2.2.1 사회주의기업의 생산요소

사회주의기업은 생산요소의 면에서부터 자본주의기업과 다르다. 자본주의기업의 생산요소에는 자본과 노동이 모두 포함되지만, 사회주의기업에서는 노동만이 가치를 창출하는 생산요소로 인정된다. 사회주의기업에서 노동만을 가치를 창출하는 생산요소로 인정하는 것은 노동가치 중심으로 제품가치를 결정하는 것과 관련이 있다. 즉 제품에 대한 가치결정의 측면에서 보아 자본주의기업에서는 생산에서의 자본과 노동이라는 공급변수와 소비에서의 소비자만족이라는 수요변수가 상호간 작용하여 제품의 가치를 형성하는데 비해, 사회주의기업에서의 제품가치의 결정을 공급자 측의 노동가치만 고려하여 노동자의 사회적 필요평균노동량이 제품의 가치를 형성한다고 보았다.

제품가치결정 ☞

그런데, 이러한 제품의 가치결정을 단지 공급자 측면에서 보면, 자본주의기업의 생산에서는 자본과 노동 모두가 가치를 창출하는 생산요소로 작용하는데 비해 사회주의기업의 생산에서는 노동만이 가치를 창출하는 생산요소로 작용하는 것이다.

노동만이 가치를 창출한다고 보는 사회주의기업에서는 생산력의 보유자인 노동자만이 생산수단을 소유할 수 있다고 보는 것이다. 이리하여 사회주의적 계획경제에서는 가치를 창출하는 생산요소가 아닌 자본을 소유하는 자본가는 생산력을 보유하면 아니한다고 보아 생산력의 보유자인 노동자가 생산수단을 가지게 하되 생산수단 전체를 노동자의 집단적 성격을 가지는 국가기관이 소유하게 하는 국유제를 주장하는 것이다. 즉 자본주의기업에서는 가치를 창출하는 생산요소가 자본과 노동이라는 원리로 개인이 생산수단을 소유하고 경영하는데 비해 사회주의기업에서는 가치를 창출하는 생산요소가 노동뿐이라는 원리로 노동자의 집단인 국가기관이 생산수단을 소유하고 경영하는 것이다.

국유제 ☞

자본주의적 시장경제체제에서는 노동과 함께 생산요소의 하나로 인정되는 자본을 사회주의적 계획경제체제가 가치를 창출하는 생산요소로 보지 아니하는 이유에 대해 다음과 같이 자본을 실물자본, 화폐자본 및 토지로 나누어 설명할 수 있다.

먼저 생산시설과 같은 실물자본을 사회주의적 계획경제체제에서는 생산수단에 체화된 노동으로 해석하는 것이다. 자본주의기업에서 자본이 생산부문에 사용되어 가치를 창출하는 기능을 사회주의기업에서는 생산수단에 체화된 노동이 가치를 창출한다고 해석한다. 즉 생산시설 등의 실물자본은 천연자원과 체화노동이 합쳐진 것이라 보며, 천연자원은 노동이 들어있지 아니하기 때문에 생산시설에의 체화노동으로 인정될 수 없고, 천연자원의 채취나 가공 및 운반 등에 들어간 노동만이 생산시설에의 체화노동으로 인정되는 것이다. 그리하여 생산시설과 같은 실물자본의 경우 자본주의기업에서는 자본으로 구성된 생산요소로 해석하는데 비해 사회주의기업에서는 노동으로 구성된 생산요소로 보는 것이다.

가치창출 ☞

사회주의기업에서 토지가 가치를 창출하는 생산요소로 인정되지 아니하는 이유도 토지 자체에는 노동이 들어가 있지

천연자원 ☞

아니하기 때문이다. 토지 자체는 천연자원으로 가치를 창출하지 아니하고, 토지의 산출물인 곡물 등도 산출물에 투여된 노동량 만큼의 가치만 창출된다고 해석하는 것이다. 토지산출물의 경우 그 가치는 산출물 생산에의 직접투여노동과 함께 농기계와 비료에 체화된 노동만이 가치를 창출한다고 보며, 이것이 그대로 토지산출물 가격이 되는 것은 당연하다.

편리성 ☞

화폐자본의 경우에 있어서는 화폐생산에 들어간 체화노동은 있으나 물물교환으로도 가능한 것을 아래와 같은 편리성을 위해 만들어진 것에 불과하므로 가치를 창출하는 생산요소로 보지 아니하는 것이다. 즉 사회주의적 계획경제체제에서는 제품구입에 대한 지불수단이나 개인적인 위험상황의 대처를 위해서만 화폐가 필요할 뿐이라는 것이다. 게다가 투기목적의 개인적 자본축적 또한 금지하기 때문에 화폐는 어느 경우이든 생산요소로 인정되지 아니하는 것이다.

국가기금 ☞

자본주의적 시장경제체제에서의 개인적인 축적자본의 기업설립자금 및 기업운용자금으로서의 화폐기능에 대해서는 거래가 빈번해지고 경제가 대규모화된 상황에서도 국가가 기업을 소유한 뒤 국가가 축적된 화폐를 국가기금의 형태로 가지고 있으면서 관리함으로써 그 기능을 대신할 수 있다고, 사회주의적 계획경제체제에서는 주장한다. 즉 원천적으로 국가가 소유하고 관리할 수 있는 화폐자본을 자본주의적 시장경제체제에서는 민간이 소유하고 관리하게 함으로써 오히려 개인간의 빈부격차와 국가전체의 공황사태를 야기시킨다고 사회주의적 계획경제체제에서는 비판하는 것이다. 이리하여 화폐자본 또한 생산요소로 인정하지 아니한다.

사회주의적 계획경제체제에서는 기업의 운영자금을 국가기금이 담당하고 이 국가기금을 국가기관이 운용하게 함으로써 생산력 보유자인 노동자가 생산을 위해 사용하는 운영자금목적을 위해서만 국가기금에서 일정량의 화폐를 기업에게 주고, 기업에서의 생산이 끝나면 다시 국가기관인 국가기금으로 회수함으로써 자본주의적 시장경제체제에서의 자본이 가지는 생산요소로서의 기능을 사회주의적 계획경제체제에서는 국가기금이 담당하게 한 것이다.

요컨대 자본주의기업에서는 노동과 함께 생산요소로 인정되는 자본은 사회주의기업에서는 실물자본, 화폐자본 및 토지가 각기 다른 이유로 인하여 생산요소로 인정되지 아니하고, 노동만이 가치를 창출하는 생산요소로 인정되는 것이다(〈그림 12〉 참조).

〈그림 12〉 자본주의의 자본에 대한 사회주의에의 적용

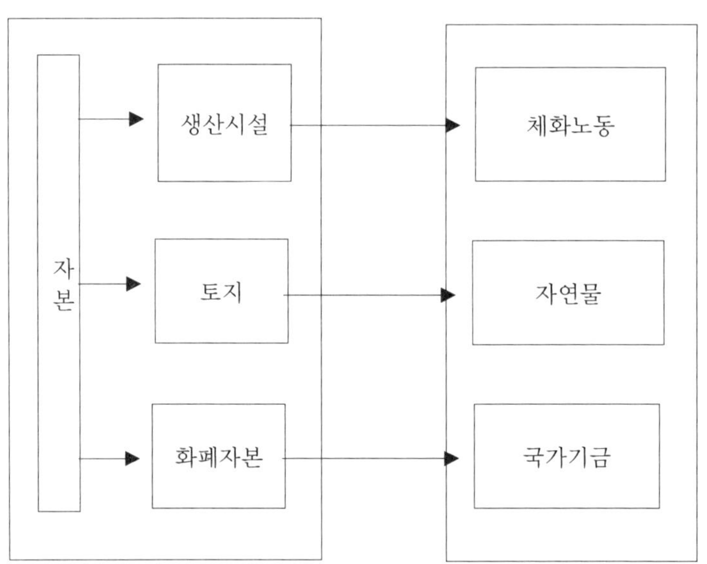

2.2.2 사회주의기업의 제품

2.2.2.1 제품의 성격

최소기본단위 ☞

제품은 경제체제의 최소기본단위이므로 사회주의기업의 제품은 사회주의적 계획경제체제 이론의 기본전제인 노동가치론과 유물론이 그대로 적용된다.

우선 노동만이 가치를 창출하는 생산요소로 인정하는 노동가치론에 의거하여 사회주의기업에서 생산되어지는 제품은 제품생산에 투여된 노동만큼의 가치를 가진다. 이와 같이 노동만이 가치를 창출하는 생산요소로 인정되고 제품은 투여노동만큼의 가치를 가진다는 사회주의적 계획경제체제의 해석은 온전히 경제적 하부구조의 기초단위인 제품을 분석하는데 필요한 이론인 노동가치론에 의거한다. 경제적 하부구조는 제품이라는 기초단위의 분석으로써 해석이 가능한데, 경험적으로 파악되는 제품에 대해 그 본질을 규명하기 위해서는 제품의 가치를 파악해야 하며, 그러한 제품의 가치는 그 제품을 생산하는데 어느 정도의 노동량이 투입되었느냐 하는 노동가치로 설명되어진다는 것이다.

실질투하노동 ☞ 체화노동 ☞ 노동일반 ☞

노동량이란 노동시간을 말하는데 노동량이란 개념에는 어떠한 기업에서 노동자가 제품을 생산하는데 직접 투여된 실질투하노동의 양뿐만 아니라 그 제품생산을 위한 생산시설이나 재료를 생산하는 데에 이미 투여된 체화노동의 양도 포함된다. 그리고 제품에 투여된 노동의 질은 동등하다고 보아 제품의 가치를 논할 때는 노동의 질의 차이를 제거한 추상적 노동이라는 개념을 도입한다. 추상적 노동이란 종류나 숙련도 등의 외형적이거나 질적 차이를 제거한 모든 노동에 부편적으로 적용되는 노동일반을 말한다. 이와 같이 추상적 노동이라는 개념이 도입됨으로써 노동가치론에서는 실제제품의 가치를 제품에 응결된 추상적 노동으로 정의하고 또한 실제제품을 추상적 노동이 현시화된 것으로 보게 된다.

노동의 현시화 ☞

그런데 추상적 노동은 실제적으로 구해질 수 없는 개념이기 때문에 실제로 제품의 가치를 나타내는 추상적 노동량을 구하기 위하여 사회주의적 계획경제체제에서는 노동의 질적 차이를 제거한 뒤, 즉 모든 노동의 질을 같다고 가정한 상태에서 그 사회에서 하나의 제품을 생산하는데 평균적으로 들어간 추상적인 사회평균 노동량으로 보았던 것이다.

지금까지 말한 제품에는 가치를 구하려는 대상으로서의 제품은 물론 그 제품생산에 들어간 생산시설이나 원자재 등도 포함된다. 제품의 가치에 대해 그 제품생산을 위한 직접 투여노동과 그 제품생산에 필요한 생산시설에의 체화노동을 합한 것이라고 하였는데, 이러한 것은 제품의 생산을 위해 들어간 노동량은 제품의 생산을 위해 사용된 노동량과 그 제품의 생산을 위한 생산시설 및 원자재의 생산에 소요된 노동량에서 그 제품생산을 위해 상각된 부분의 노동량을 합한 것이기 때문이다. 물론 어떠한 기업의 제품이나 그 제품의 생산을 위한 생산시설이나 원자재의 노동은 모두 추상적 노동이다. 즉 제품의 가치는 추상적 노동이며, 제품은 이 노동이 실제로 현시화 된 것에 불과하다고 보는 것이다.

이와 같이 사회주의적 계획경제체제에서 노동만이 제품의 가치가 된다는 것은 제품의 가격책정 면에서 공급의 측면만이 고려되는 상태에서 노동자의 제품생산에 대한 노동량으로 정하여졌다. 왜냐하면 제품의 가격은 제품의 가치가 화폐로 구체화된 수치에 불과한데, 사회주의기업에서의 제품가치는 수요의 측면을 전혀 고려하지 아니하는 공급자 측면

제품의 가격 ☞

에서만의 노동이기 때문이다. 이러한 사회주의기업의 공급자 측면에서만의 제품가격 책정은 수요자 측면과 공급자 측면이 동시에 고려되는 자본주의기업에서의 제품가격과는 전혀 다른 것이다.

앞에서 제품의 가치는 제품에 투여된 추상적인 노동량으로 나타내되 노동량은 실제 제품을 생산하는데 들어간 실질투하노동량과 기계, 건물, 재료 등에 이미 투여된 체화노동량을 합하여 계산된다고 하였으며, 또한 하나의 제품생산에 들어간 체화노동과 실질투하노동을 합한 노동량을 국가차원에서 평균한 추상적인 사회평균노동량이 제품의 가치가 된다고 하였다. 제품가치는 그렇더라도 제품의 가격책정은 추상적인 사회평균노동량을 화폐화한 것을 그대로 쓰지 아니하였다. 즉 제품의 가격을 책정할 때는 추상적인 사회평균노동량이란 개념에 노동자는 시대와 국가가 정하여주는 최저생활이 보장된 상태에서 자신과 가족을 위해 필요한 만큼의 노동을 한다는 필요의 개념을 추가하여 결국 제품가격은 그 시대의 사회적으로 필요한 추상적 평균노동량을 화폐화한 것으로 나타났다(〈그림 13〉 참조).

물질적 제품 ☞

또한 사회주의적 계획경제체제에서는 유물론에 의거하여 물질적 제품의 생산에 대해서만 가치를 창출하는 생산으로 인정한다. 이러한 사회주의적 계획경제체제의 관점은, 모든 종류의 제품생산은 가치를 창출한다고 하는 자본주의적 시장경제체제의 관점과 다른 점이다. 사회주의적 계획경제체제의 이와 같이 물질적 제품의 생산만이 가치를 창출한다는 관점은 물질이 정신을 포함한 모든 세계를 결정하며 물질적 하부구조가 관념적 상부구조를 포함한 사회전체를 결정한다는 유물론에서 연유한다. 자본주의적 시장경제체제는 물질과 정신의 세계를 종속관계로 보지 아니하고 둘 다 중요시하는데 비해 사회주의적 계획경제체제는 철저하게 유물론에 기초하는데 이러한 유물론은 사회주의기업에서의 제품생산에도 영향을 주는 것은 당연하다.

〈그림 13〉 사회주의적 제품가격의 요소

비물질적 제품 ☞

그리하여 사회주의기업에서 제품을 생산하는 경우, 물질적 제품의 생산만 생산으로 취급하고 비물질적 제품의 생산은 생산으로 인정하지 아니하게 하는 결과를 가져온 것이다. 자본주의기업의 생산량의 절반에 육박하는 비물질적 서비스에 대한 생산을 사회주의기업에서는 유물론의 입장에서 생산으로 인정하지 아니하였던 것이다. 즉 자본주의적 시장경제체제에서는 유형재화의 생산 뿐 아니라 무형재화의 생산도 가치를 창조하는 생산으로 취급한 것과는 달리 사회주의적 계획경제체제에서는 유물론적 입장에서 유형재의 생산만 생산적 노동으로 간주하기 때문에 서비스산업 등에 대한 비물질적 생산은 국민총생산의 구성요소에 포함되지 아니하는 결과를 가져왔다.

한마디로 자본주의적 시장경제체제에서는 자본과 노동 모두를 가치를 창출하는 생산요소로 보고 물질적 제품의 생산과 비물질적 제품의 생산 모두를 가치를 창출하는 생산으로 보는데 비해 사회주의적 계획경제체제에서는 노동만이 가치를 창출하는 생산요소로 볼 뿐 아니라 물질적 제품의 생산만 가치를 창출하는 생산으로 보는 것이다. 즉 사회주의적 계획경제체제에서의 제품에 대한 입장에는 노동가치론과 유물론이 복합적으로 그 근저를 이룬다.

2.2.2.2 제품의 가격에 대한 사회주의와 자본주의의 비교

사회주의기업은 형상으로 인식할 수 있는 물질적 제품을 생산하는데 어느 정도의 노동량이 투입되었느냐 하는 유물론과 노동가치에 그 기초를 두고 가격을 책정하였다. 사회주의적 계획경제체제에서는 유물론과 노동가치론이 사회전체에 대한 해석에서부터 생산요소 및 생산제품에 대한 해석에 이르기까지 모든 부분에 대한 해석의 이론적 근거가 되는데, 이러한 유물론과 노동가치론이 사회주의기업에서 생산하는 제품의 가치내용 및 가치측정에도 이론적 근거를 제시하는 것은 당연하다.

제품가격에 있어서 노동량이란 물질적 제품을 생산하는데 투여된 노동시간을 말하며, 여기에는 그 제품을 생산하는 기업에서 노동자가 직접 투여한 노동량 뿐만 아니라 그 제품생산을 위한 생산시설이나 재료를 생산하는 데에 이미 투여된 노동량도 포함된다고 하였다. 물론 노동의 질적 차이를 제거하고 노동자의 필요노동을 인정하여, 제품의 가격은 수요자의 측면을 배제한 채 공급자 측면의 노동자가 제품을 생산하는데 들어간 그 시대의 사회적으로 필요한 추상적 평균노동량을 화폐화한 것이라 하였다.

이에 비해 자본주의기업은 모든 제품에 대해 시장에서 다른 제품과 일정비율로 교환할 수 있는 교환가치에 근거하여 제품의 가격을 정한다. 즉 자본주의기업의 제품가격은 시장에서 수요와 공급의 모든 측면이 고려되는 상태에서 생산자와 소비자의 상호간 최대이익을 나타내는 시장가격에 의해 책정된다.

제품의 시장가격은 제품에 대한 수요곡선과 공급곡선의 교차점에서 형성되는데 수요곡선은 소비자의 효용의 극대화를 위한 가격과 수요량과의 관계를 나타내며, 공급곡선은 생산자의 이윤극대화를 위한 생산비와 가격 및 공급량의 관계를 나타낸다. 또한 수요곡선은 소비자의 한정된 소득을 나타내는 예산선과 제품량에 대한 효용 및 선호의 일정한 관계를 나타내는 무차별곡선과의 관계에서 이루어지며 공급곡선은 기업이 조업을 중단하지 아니한 상태에서의 생산비와 생산량의 관계에서 이루어진다. 이와 같이 자본주의기업에서의 제품가격은 소득 및 효용을 중심으로 하는 소비자 측면과 생산비를 중심으로 하는 공급자 측면을 모두 반영한다.

이런 면에서 사회주의기업의 제품가격은 형상으로 인식될 수 있는 물질적 제품에 한해 공급자 그 중에서도 노동자가 얼마만한 노동량을 투입했느냐 하는 객관주의가치와 관련이 있으며, 자본주의기업의 제품가격은 물질적 제품이나 물론 형상으로 인식될 수 없는 비물질적 제품이나를 가리지 아니한 채 오로지 하나의 제품을 얻는데 얼마만한 한계효용이 증가하는가를 분석하는 주관주의가치와 관련이 있다고 볼 수 있다.

객관주의가치 ☞

주관주의가치 ☞

이와 같이 제품가격에 대한 이론적 근거가 서로 상이한 양 체제는 각각 아래와 같이 가치와 관련한 문제점을 가지고 있는 것을 볼 수 있다. 자본주의적 시장경제체제의 최대 문제점은 이론의 기초가 되는 한계효용을 객관적으로 측정할 수 없다는 점이다.

한계효용측정 ☞

이에 비해 사회주의적 계획경제체제의 기초인 한 제품에 투입된 노동량은 어떤 사회에서 하나의 제품을 만드는데 드는 총 노동량을 제품수로 나눈 사회적 평균노동시간의 개념으로 측정이 가능하다. 그러나 공급자 측면만 생각하지 수요자 측면을 고려하지 않아 가치에 대한 일면적 사고라는 단점을 가지고 있고, 또한 노동자 한 사람마다의 제품생산 능력이 다른데도 제품에 투입된 노동시간만을 가지고 계산하여 인간의 각기 다른 능력을 획일화하여 비현실성을 가진다는 이론적 문제점을 가지고 있다.

일면적 사고 ☞

비현실성 ☞

이렇게 교환가치에 기초한 자본주의적 시장경제체제 가격과 노동가치에 기초한 사회주의적 계획경제체제 가격은 모두 이론적 문제점을 가지고 있는 것이다.

사회주의적 계획경제체제에서 유물론에 의한 국민총생산의 구성요소에서 비물질적 생산이 제거되고 노동가치에 의한 노동량으로써만 제품가격이 책정됨으로 인해 양 체제간 국민총생산에 대한 비교의 불가능이라는 문제점이 나타났다. 왜냐하면 국민총생산이란 제품가격의 입장에서 설명해보면 자본주의적 시장경제체제로 측정된 1년간의 총생산 제품가격의 합계라고 말할 수 있는데, 이의 기준이 되는 자본주의적 시장경제체제와 전혀 다른 사회주의적 계획경제체제의 1년 총생산물에 대한 가격합계를 비교한다고 하는 것은 매우 이렵기 때문이다.

국민총생산 ☞
비교의 불가능 ☞

2.3 사회주의기업의 자금운용

2.3.1 국가기금의 체계

사회주의적 계획경제체제에서는 기업이 국가에 소유되기 때문에 기업의 설립도 국가가 할 뿐 아니라 기업의 운영자금도 국가가 관리하여 기업의 운영도 결국 국가가 하는 셈이다. 기업의 설립을 위해 국가는 기업의 대지 및 건물의 확보는 물론이고 생산시설의 구입이나 초기의 재료비나 임금 등의 모든 경비를 국가가 부담하는 것이다. 기업의 대지는 국가가 전체 국토를 소유하기 때문에 문제될 것이 없으나 건물이나 생산시설 및 재료비 등에 대한 문제는 화폐를 필요로 하는데 국가는 이를 국가기금에서 충당하는 것이다.

기업의 설립 ☞

기업의 운영 ☞

이와 같이 국가기금의 문제는 민간의 자본축적을 금지하는 대신에 국가적으로 기업설립 및 기업운영에 대한 모든 자금을 관리하는 데에서 발생되는 문제이다. 즉 국가기금문제는 기업이 국가에 소유되는 관계로 발생하는 문제이므로 원칙적으로는 기업의 소유권과 직접 관계되는 문제이다.

기업의 소유권 ☞

그러나 기업의 소유문제는 일반적으로 다음과 같이 국가계획에 의한 경제조정문제와 자동적으로 연결되어진다. 초기의 기업설립이나 일상적인 기업운영에 필요한 자금은 기업의 주인이 국가인 관계로 모두 국가기금으로 처리되나 기업설립에 대한 시기, 규모, 위치 등은 물론 일상적인 기업운영에서의 생산제품종류 및 생산량 등에 대한 국가기금의 사용은 국가계획에 의해 결정되는 것이라 할 수 있다.

국가기금사용 ☞

〈그림 14〉 사회주의기업과 국가기금

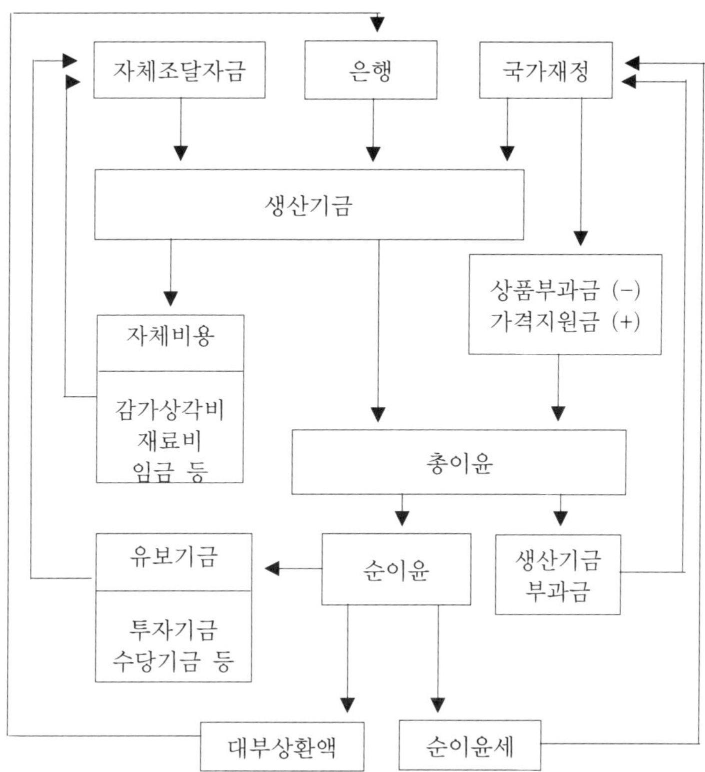

자료: Richter (1988), 734; 배진영 (1991), 40을 약간 변형.

사회주의적 계획경제체제에서 초기의 기업설립이나 일상적인 기업운영에 필요한 자금은 모두 국가기금으로 처리되는데, 이를 구체적으로 설명하면 아래와 같다. 사회주의기업은 〈그림 14〉에서 보듯이 생산기금에서 나온 자금으로 생산을 한다. 이 생산기금은 사내유보기금, 은행 및 국가재정에서 조성된다. 물론 기업을 처음 설립하는 경우에는 민간자본이 허용되지 아니하기 때문에 은행이나 국가재정만이 기업설립의 자금원이 된다. 사내유보기금은 기업의 운영으로 적립된 이윤으로 자체조달하여 만드는 것이다. 그런데 이 사내유보기금도 기업에 적립되어 기업 스스로의 판단에 의해 사용될 수 있는 것이 아니라 국가에서 관리하는 국가기금의 성격을 띄고 있는 것이다. 또한 생산기금이란 기업의 생산활동에 들어가는 기업전체의 운영자금을 말하는 것으로 이 생산기금은 국가계획에 따라 각각의 기업으로 배분된다.

생산액 ☞

생산기금에서 각각의 기업에 할당된 자금으로 각 기업은 제품생산을 하고, 제품이 생산되면 생산량과 제품가격을 곱한 만큼의 생산액이 계산되어진다. 제품가격은 물론 사회적 평균노동량에 의해 결정되는데, 사치품 등에는 정부의 가격조절기관이 제품부과금을 매기어 가격을 더 높게 만들고 생필품 등에는 가격지원금을 주어 가격을 저렴하게 만든다. 이와 같이 제품부과금과 정부지원금이 고려된 상태에서 생산기금에 의한 제품생산으로 생산액이 계산되어 질 수 있으며, 이 생산액에서 감가상각비, 재료비, 임금과 같은 생산비용을 빼면 총이윤이 계산되어진다.

총이윤 ☞

이윤의 계산 ☞

여기서 주의할 사항은 사회주의적 계획경제체제의 이론에 의한 기업의 목표는 이윤의 극대화가 아니라 국가계획에 따른 목표생산량의 달성이라 할지라도 기업의 생산제품은 이윤을 발생시킨다는 점이다. 이윤의 계산을 판매액에서 비용을 뺀 것이 아니라 생산액에서 비용을 뺀 것으로 계산할 뿐이다. 그런데 이러한 이윤은 기업들의 성과가 할당된 목표생산량을 기준으로 하고 있었기 때문에 실제의 제품생산에 있어서 기업관리자는 처벌을 면하고 상여금을 받기 위하여 목표미달의 생산량을 목표량의 달성 또는 초과달성으로 보고하기도 하는 문제점이 흔히 발생하였다.

또한 사회주의적 계획경제체제의 이론에 의한 이윤개념은 판매액에서 비용을 뺀 개념이 아니라 생산액에서 비용을 뺀 개념이기 때문에, 제품을 생산하기만 하면 판매되지 아니하고도 이윤이 생길 수 있다는 문제점을 가지고 있다. 즉, 판매액을 등한시하고 생산량의 계산만 중시하였기 때문에 소비자의 만족을 위한 기업의 노력이 없어 단위기업 당 판매액의 증가를 가져오지 못하였고, 이는 기업의 구조적 비효율성 및 국가전체의 경제발전을 둔화시키게 되었다.

생산량의 계산 ☞

생산에만 관심을 가지는 결과로 인한 기업의 소비자에 대한 무관심으로 인해, 국민전체에 해당하는 소비자의 제품에 대한 불만족이 팽배하게 되었다. 한마디로 이러한 불만은 판매액이 아닌 생산액으로 계산하는 사회주의적 계획경제체제의 이윤에 대한 개념에서 발생한 것이라 할 수 있다.

기금의 운영 ☞

순이윤 ☞

앞에서 말한 총이윤에서 국가재정으로 들어가는 생산기금 부과금을 제하면 순이윤이 계산된다. 이 순이윤은 은행대부상환, 순이윤세 및 자체조달자금으로 할당된다. 은행대부상환금은 당연히 은행으로 납입되고, 순이윤세는 국가재정으로 들어가며, 또한 자체조달자금은 사내유보기금의 형식으로 국가에서 관리한다. 여기서 사내유보기금의 형식의 자체조달자금은 기업의 효율성 진작을 위해 순이윤을 남긴 기업만을 위해 쓰여지는 이윤이나 기업 내에 적립되지 아니하고 기금 형식으로 국가가 관리하는 것이다. 물론 이 기금의 운용 또한 국가계획에 의한다.

기금의 종류 ☞

기업과 관련된 기금의 종류를 기업을 위해 적립되는 것과 기업구성원을 위해 적립되는 것으로도 나누어 볼 수 있는데, 기업을 위해 적립되는 기금에는 생산기금, 기술개발기금 및 사내유보기금이 있으며, 기업구성원을 위해 적립되는 기금에는 사회·문화·주택기금, 물적 장려기금 및 장기대부상환기금이 있다. 생산기금과 사내유보기금은 이미 설명하였으며, 기술개발기금과 사회·문화·주택기금, 물적 장려기금 및 장기대부상환기금은 전체기업의 이윤에서 만들어진 뒤 국가에서 관리하는 기금이다. 즉 사내유보기금만 자신의 이윤에서 자체조달되고 국가계획에 의해 그 기업만을 대상으로 사용되어지는 국가기금이며, 나머지 기금은 기업전체의 이윤에서 조달되고 국가계획에 의해 기업전체를 대상으로 운용되는 국가기금이라 할 수 있다.

국가의 전체기업에서 들어온 이윤이 국가기금에 전입되면, 국가는 사내유보기금을 제외한 국가기금을 사용하여 기술은 좋으나 기업환경으로 인해 도산할 위험이 있는 기업의 존속을 위해 보전한 후 국가기금에 전입된 이윤을 기업의 과년도 성과에 따라 기업에 나누어준다. 그리하여 생산성이 떨어지는 기업은 그 능력에 비해 더 지원받게 되고 생산성이 높은 기업은 상대적으로 덜 지원받게 되는 결과를 가져온다.

기업의 존속 ☞

과년도 성과 ☞

단지 기업구성원을 위해 적립되는 기금 중 사회·문화·주택기금은 생산성과 관계없이 전국민의 최저생활유지를 위해 쓰여진다. 이는 민간의 자본축적을 막으면서 전국민의 최저생활을 보장하는 상태에서 개인이나 기업의 능력에 대한 보상을 하고자 하는 데에서 나온 현상이다. 사회주의적 계획경제체제에서는 이와 같이 기업 내의 적립금축적을 금지하였을 뿐 아니라 그 기업마저도 민간이 아닌 국가가 소유하게 함으로써 민간자본의 축적을 근원적으로 방지하였던 것이다.

최저생활유지 ☞

사회주의적 계획경제체제는 이러한 기금조성으로 자본주의적 시장경제체제의 가장 큰 문제점으로 대두되고 빈부격차와 노동착취의 원인이 되는 개인적 자본축적을 막고자 했던 것이다. 그들에 의하면 개인이 자본을 가지고 있으면 자본자체의 운동력으로 자본이 눈덩이처럼 증가되고 이 거대한 개인적 축적자본이 여러 소액자본을 침식하여 도태시킬 뿐 아니라 노동자에게는 착취현상을 가져와 빈부격차를 야기하기 때문에 이 개인적 자본의 축적을 국가가 기금으로 운영하여 국가나 집단의 소유인 기업의 종업원에게 노동량에 따라 배분하여 자본주의의 모순점을 극복하고자 했던 것이다.

이러한 취지에서 형성된 여러 종류의 기금들은 사회주의적 계획경제체제 내 모든 기업의 비용 및 수익계산의 중심에 놓여있어, 기업은 제품을 생산할 때 기금에서 비용을 쓰고 이익은 또 상당분 여러 기금으로 이전된다. 이러한 기금의 존재로 인하여, 사회주의적 계획경제체제는 시장이 존재함에도 불구하고 시장가격대신 노동가치 이론에 의한 노동력의 계산으로 제품의 가격을 정할 수 있는 것이다. 또한 사회주의기업은 국가에 소유되고 국가기금에 의해 관리되기 때문에, 스스로의 창업비부담이나 기업운영 중의 도산위험부담이 없는 셈이 된다.

창업비부담 ☞
도산위험부담 ☞

2.3.2 사회주의기업의 이윤

2.3.2.1 사회주의이윤의 일반적 특성

사회주의 국가들에서는 사회간접자본, 신기업 창설 및 거대한 기업확장 등 기본투자는 중앙의 재정에 의해서 이루어진다. 사내유보기금이 있는 사회주의기업은 이러한 기본투자를 제외한 소규모의 투자만을 국가에서 정해준 계획을 초과하여 행할 수 있다. 개별기업들에게 투자부문에서 의사결정 자유를 허용할 경우에는 계획경제는 기능을 할 수 없으며 다른 계획분야(투자재 생산, 소비재생산, 원료 및 연료공급 등)가 교란될 것이다. 일반적인 기본투자는 중앙관청의 직접적인 지시에 따라 이루어지는데, 생산량 및 생산종류의 확장을 위한 투자는 계획작성 과정의 범위에서 허가를 받으면 된다.

기업의 투자는 이윤향상을 목적으로 수행된다는 것이 국가의 의도이나 독자적인 기업행동은 여기에서도 역시 항상 계획지수를 달성한다는 조건하에서 만이 가능하다. 따라서 기업들은 관련관청과 관련하여 국가전체적인 계획에 의해 투자결정을 내리게 된다. 사회주의기업에 있어서 생산의 결과물인 이윤은 국민경제의 균형적인 발전을 위하여 먼저 고려되어 사용되어 이윤개념의 위치는 국민경제의 계획적 균형발전이라는 전체국가목표의 하부개념에 불과하다.

이윤개념위치 ☞

국가계획지표 ☞

물질적 자극제 ☞

사회주의기업의 이윤은 국가계획 작성에서 기업의 경제활동을 평가할 때 주요한 국가계획지표가 되고, 기업 내 경영자 및 노동자의 물질적 자극제로서 아주 커다란 중요성을 갖고 있다.

사회주의 기업의 투자원은 국가재정, 사내유보기금, 은행대부, 감가상각비의 네 가지 원천에서 이루어진다. 이는 이미 존재하고 있는 기업의 투자원이고, 신설기업의 경우에는 사내유보기금과 감가상각비가 없으므로 은행대출과 국가재정만이 투자원이 된다. 이 중 감가상각비는 자신의 생산시설의 사용에 대한 비용이기 때문에 단지 생산시설의 사용정도에 따라 그 집행이 결정되어 국가계획의 영향을 받지 아니하지만 사내유보기금은 순이윤의 처리과정에서 적립된 것이기 때문에 투자대상이 자신기업이라는 것 뿐 투자시기 및 투자규모는 국가계획에 의해 이루어진다(〈그림 15〉 참조).

〈그림 15〉 사회주의기업의 투자원

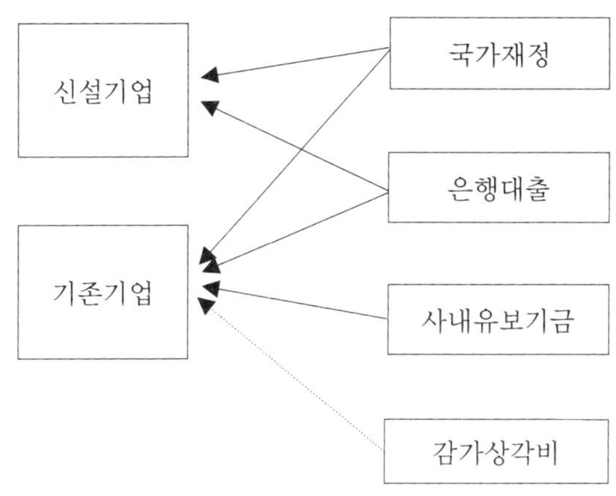

──▶ : 국가계획에 따라 집행
┈┈▶ : 생산시설의 사용정도에 따라 집행

재정조달원 ☞

기업투자원 ☞

기업은 국가재정으로부터 지원을 받아 기업운영을 하여 이윤을 내면, 그 이윤의 일부는 국가재정에 환수된다. 이러한 이윤에서의 재정조달은 주요 재정조달원이 된다. 이윤의 상당부분은 원천적으로는 국가에 납부되어 재정조달원이 되기도 하였지만 기업개혁이 이루어지면서 상당부분 기업에 유보되어 기업투자원이 되기도 하였다. 투자로 인한 이윤이 계획보다 초과되면 최소한 50%는 국가에 납부하고, 50%까지는 기업기금으로 적립되어 자후의 투자원으로 이용되었던 것이다.

유기적 관련성 ☞

은행대부도 역시 국민경제계획과 기업의 투자계획 및 은행의 계획의 유기적 관련성에 의해 결정된다. 따라서 은행의 대부는 구조정책계획 및 국민경제계획의 지표에 의해 결정된다. 은행이 기업들의 의도가 국가계획내의 은행계획과 모순되지 않는다고 확신하는 경우에는 기업은 은행대부를 사용할 수 있다. 따라서 대부의 경우 은행은 계획초기에 이미 기업을 통제하고 있으며, 국가계획에 없는 투자계획은 은행대부의 대상이 될 수 없다.

산업의 특성 ☞

감가상각은 산업의 특성에 따라 각각 달리 규정되어 있는데, 원칙적으로 감가상각분의 상당부분이 기업에 유보되게 되어 기업의 투자원이 된다.

경제체제변환 전의 경제개혁과정에서도 사회주의 기업의 기업 내의 적립을 위한 이윤처리가 많이 자유스러워졌지만, 기업은 이윤을 국가에 바쳐야 할 의무를 가지고 있었다. 이러한 이윤은 국가경제전체의 이익을 위해 배분되었지만, 이 이윤납입금에 따라 국가계획에 있어서의 기업평가가 이루어졌고 이것이 기업에 대한 국가의 통제수단으로 쓰여졌다.

기업평가 ☞

통제수단 ☞

이 경우의 이윤개념은 국가가 기업들로부터 수입을 거두어들이고 통제하기 위해 계산상으로 쓰였던 하나의 기입사항에 불과하였다. 이윤계산방법도 특이하여 개혁 직전까지에는 생산물의 매출액에서 비용을 뺀 금액을 이윤으로 계산한 것이 아니라 기업의 생산물을 국가가 정한 가격으로 계산한 총생산치로부터 비용을 뺀 것이었다. 더욱이 기업들의 성과가 할당된 목표생산량에 대한 달성 정도를 기준으로 하고 있었기 때문에 기업관리자는 소극적으로 징계를 피하거나 적극적으로 보너스나 훈장을 탈 목적으로 목표미달의 생산량을 목표량의 달성 또는 초과달성으로 보고하기도 하였다.

이러한 불합리성에도 불구하고 사회주의기업에서도 이윤은 아주 중요한 개념이었다. 단지 자본주의기업에 비해 이윤추구의 동기가 약할 뿐이다. 사회주의기업의 이윤을 자본주의기업의 이윤과 비교해 보면 아래와 같은 상이점을 발견할 수 있다.

이윤의 개념 ☞

우선 이윤의 개념이 다르다. 자본주의기업에서는 민간 공급자가 소비자에게 제품을 판매한 액수에서 공급자가 제품을 생산하는데 들어간 노동비나 자본이자 및 재료비 등의 생산비를 뺀 차이를 말한다. 이에 비해 사회주의기업에서는 국가계획이 정해준 목표를 넘어선 생산량에 대해 사회적으로 필요한 추상적 평균노동량의 가격으로 환산한 액수를 말한다.

기업의 목표 ☞

또한 사회주의기업에게는 기업의 유지는 국가가 보장하여 주고 경쟁으로 인한 기업존폐에 대한 위기의식이 없기 때문에 이윤추구의 노력이 상대적으로 매우 약하다. 기업의 목표에서도 차이가 나는데 사회주의기업의 목표는 자본주의기업에서와 같은 기업자체의 이윤극대화가 아니라 국가계획지표의 달성 및 초과달성이다. 여기서 사회주의기업에 하달되는 국가계획지표는 원칙적으로 생산량지표인데, 이는 소비의 측면을 고려한 판매의 개념이 아닌 생산의 측면만을 고려한 생산개념일 뿐 아니라 화폐액수의 개념이 아닌 양의 개념이다.

생산량지표 ☞

사회주의기업에서 발생된 이윤은 생산기금부과금이나 사내유보기금으로 나누어지는데 생산기금부과금으로 들어간 부분의 크기에 따라 차후 연도의 생산기금에서 그 기업으로 할당되는 액수가 많아지며, 사내유보기금으로 들어간 부분은 언젠가는 모두 그 기업이 사용할 수 있게 되는 것은 사실이다.

결국 사회주의기업은 이윤을 무시하지는 아니하였으나 그리 중요하게 생각되지는 아니하였다. 자본주의기업에서 발생한 이윤에 대해 그 기업 자신은 모두 처분할 수 있는 권한을 가지고 있다. 이에 반해 사회주의기업에서의 생산기금부과금으로 들어간 이윤은 상당부분이 타기업의 보전을 위해 씌여지고 차후 연도의 할당도 국가차원의 입장에서 결정될 뿐 아니라 사내유보기금의 사용도 국가계획에 의해 쓰여진다. 결국 이윤의 발생이 없어도 사회주의기업은 유지되고 경영자나 노동자는 종신고용이 보장되기 때문에 사회주의기업의 이윤추구노력은 자본주의기업에 비해 매우 약했다.

이윤추구노력 ☞

또한 자본주의기업에서의 이윤이란 판매액에서 생산비를 뺀 개념이고 판매액과 생산비라는 수요와 공급에 대한 금액기준인데 비해 사회주의기업의 목표는 생산량이라는 공급측면에서만의 수량 기준이어서 사회주의기업의 이윤동기는 자본주의기업의 이윤동기에 비해 작을 수밖에 없는 것이다.

이윤의 중요도 ☞

비판의 대상 ☞

게다가 사회주의이론에서는 기업의 이윤을 민간적 자본형성의 기초로 보고 비판의 대상으로 삼기까지 하는 관계로 사회주의기업의 이윤은 비록 민간적 자본형성과는 관계가 없더라도 각자의 기업은 이윤추구에 대해 소극적이 될 수밖에 없는 것이다.

경영권의 포기 ☞

이에 비해 자본주의기업은 이윤에 대해 보는 입장이 전혀 다르다. 자본주의기업은 모두 판매제품에 대한 소비자만족을 통해 이윤의 극대화를 추구하는 것을 최대목표로 삼는데, 그 이유는 경쟁시장에서는 경쟁기업보다 우량의 품질과 포장 및 서비스를 소비자에게 제공하고 소비자만족을 시키는 제품을 판매한 후 이윤을 남겨야 살아남을 수 있기 때문이다. 이윤을 남기지 아니하는 상태에서 같은 제품의 생산을 계속한다면, 계속되는 경쟁기업의 신제품개발에 밀려 계속적인 제품판매는 이루어지지 아니하여 이 경우에도 기업은 계속 유지될 수 없다. 즉 기업이 장기적으로 유지되기 위해서라도 품질혁신 및 새로운 생산시설의 확충을 계속하기 위한 이윤의 최소한 축적이 있어야 하므로 자본주의기업에서의 이윤에 대한 입장은 목표의 수준을 넘어 생존의 문제라 할 수 있는 것이다.

역학관계 ☞

이와 같은 양 체제 기업이 이윤의 중요도에 대해 인식하고 있는 정도의 차이는 생산기업과 유통기업의 역학관계에서 잘 나타난다. 즉 자본주의적 시장경제체제에서의 대규모의 자금력을 가진 생산기업은 자기기업의 상표나 기업이미지 및 기술적 우위성 등을 이용하여 더 많은 이윤을 위해, 자사제품의 유통기관에게 제품가격의 폭 내지 제품진열 등에 대해 표준화하도록 상당한 압력을 넣는다. 생산기업이 자사제품의 유통기업을 선택한다는 점에서도 이러한 생산기업과 유통기업의 영향력 지배관계는 지극히 당연한 결과이다. 자금이 열악하고 자신의 기업이미지가 없는 유통기업은 자신의 의사결정권에 지대한 침해를 받더라도 기술적 지원 및 설비지원으로의 경비절감을 통한 더 많은 이윤과 안전한 기업의 존속을 위해 제조기업의 압력을 감내한다. 자본주의적 유통기업의 경우 이윤을 위해 경영권의 포기도 감내하는 것이다. 이는 수직적 마케팅의 한 형태인 프랜차이징의 경우에 아주 극명하게 나타난다. 그만큼 자본주의기업에서는 이윤이 절대적으로 중요한데 생산기업은 이를 적극적으로 이용하여 유통기업에 대해 지배관계를 강화시키는 것이다.

그러나 자본주의적 시장경제체제에서와 같은 생산기업과 유통기업간의 영향력 지배관계는 사회주의적 계획경제체제에서는 성립되지 아니한다. 왜냐하면 사회주의적 계획경제체제에서의 생산기업이나 유통기업에서 이윤이란 그리 중요하지 아니할 뿐더러 생산기업 제품에 대한 유통기업의 선택이라는 의사결정 또한 국가계획기관에서 하여 생산기업은 생산만 하고 유통기업은 유통만 할 뿐이기 때문이다.

효율성의 저하 ☞

지금까지 서술한 바와 같이 이윤에 대해 상대적으로 소홀히 한 사회주의기업의 경제적 효율성은 크게 저조하였다. 이러한 효율성의 저하는 의사결정의 중앙집권화와 생산부분의 세분화에 따른 각 부처간 업무의 혼란과 중복, 그리고 경쟁이 거의 없는 상태에서의 자원낭비 등으로 인하여 더더욱 심각하게 되었다. 결국 사회주의기업의 비효율성 문제는 국가적 통합에 따라 규모가 커진 국유기업의 장점에도 불구하고, 이념적 요구에 따라 경제성이 무시된 채 기업을 경영한 데서 연유한다. 이러한 집중적 기업관리 모델의 비효율성을 줄이기 위하여 경제개혁에 대한 논의가 있었는데, 경제개혁 그 중에서도 기업관리개혁의 공통점은 기업관리에서 투자 및 이윤의 역할을 중요시하여 투자재원 및 이윤처리의 다양성을 많이 인정하게 되었다는 사실이다.

2.3.2.2 노동착취 및 국가발전에 대한 이윤문제

필요노동 ☞

사회주의적 계획경제체제에서는 자본주의적 시장경제체제의 민간차원의 이윤을 노동이 만든 잉여가치를 자본가가 경영자와 노동자로부터 착취한다고 주장한다. 즉 자본주의 체제에 대해 경영자와 노동자는 자신의 생계를 유지하기 위한 필요노동만을 하려하나 자본가는 그 이상을 노동하게 하게 하여 경영자와 노동자가 만든 그만큼의 잉여가치를 그들에게 주지 아니하고 자신이 갖는다고 이해하는 것이다. 사회주의적 계획경제체제에서는 자본가를 인정하지 아니한 상태에서 경영자나 노동자의 노동가치를 동일하다고 보는 관계로 경영자나 노동자 모두에게 일한 시간만큼의 임금을 주면 되고 이것이 그대로 제품가격이 된다는 것이다.

초과노동 ☞

사회주의적 계획경제체제는 자본주의적 시장경제체제에 대해 경영자와 노동자로 하여금 필요노동보다 더 일하게 할 뿐 아니라 그 초과노동이 만들어낸 가치 이상으로 제품에 대한 시장가격을 책정하기 때문에 이윤이 발생한다고 비판하는 것이다.

사회적 소유 ☞

이와 같이 자본주의의 경제적 불평등을 극복하고자 하는 사회주의 순수이론에서는 자본주의기업의 이윤을 자본가의 노동자에 대한 착취라고 비판하고 있기 때문에, 사회주의기업에서는 경영자와 노동자에 대한 착취는 발생하지 말아야 한다. 그럼에도 불구하고 사회주의기업은 이윤을 남겨야 한다. 왜냐하면 사회주의는 생산력을 발전시켜 이상적인 공산주의로 가는 과제를 가지고 있으며, 이를 위해서는 생산력을 발전시키는 최고의 수단인 사회주의기업은 이윤을 남겨 더 좋은 생산시설과 기술로 이상적인 공산사회가 원하는 정도의 풍부한 제품을 생산하여야 하기 때문이다.

이와 같이 사회주의 기업이 자본가의 경영자와 노동자에 대한 착취가 없는 상태에서 더 좋은 생산시설과 기술을 개발을 할 수 있도록 하기 위해서는 우선 개인적인 자본축적을 금지한 채 사회주의기업은 국가에 귀속되어야 하며, 기업의 경영은 국가시스템의 부속기관으로서 행하여 진다는 것이다.

이리하여 사회주의에서의 기업이란 국가에 소유되는 국가경제시스템의 부속단위에 불과하며, 국가계획의 직접적인 간섭을 받는다. 사회주의적 소유의 기본적인 특징은 자본가로부터의 노동착취를 금지하기 위해 생산 수단 및 생산물의 취득형태를 개인적인 것에서 사회적인 것으로 변화시켜 가는데 있다. 기업 등의 생산수단을 소유한 자본가로부터 노동착취를 금지하기 위해 생산수단인 기업은 사회적 소유로, 즉 국민전체의 소유형태나 기업 구성원의 소유형태로 존재하였다. 이러한 사회주의 이론에서 볼 때, 국가소유인 기업은 국가계획에 의한 국가정부의 통제를 받는 것이 당연한 논리적 귀결이다.

국민의 총합체 ☞

그리하여 자본주의적 시장경제시스템 내 하나의 독립기관으로서 자주적으로 경영하는 자본주의기업과 비교할 때, 사회주의기업은 전혀 다른 성격을 갖는다. 자본주의기업은 국가를 하나의 환경단위로 간주하는데 비해 사회주의기업은 국가를 주인으로 간주하는 것이다. 여기서 기업의 주인으로서의 국가란 국민의 총합체로서의 국가를 말한다. 즉 사회주의기업의 주인은 전체국민이라는 말이며, 사회주의기업의 국가소유란 말은 국가가 국민을 대리하여 사회주의기업을 소유한다는 뜻이다. 또한 국가정부 또는 국가기관은 전체국민이 선택하였기 때문에 사회주의기업이 국민의 총합체인 국가에 소유된 채 전체국민의 공동의사결정인 국가계획에 의해 운영되는 것은 결국 자본가로부터의 노동착취를 방지하기 위한 것이라 할 수 있다.

공동의사결정 ☞

사회주의 기업은 국가에 소유되기 때문에 획일적인 관리체계 안에서 중앙에 의해 결정된 목적에 따라 설립되는 것 또한 당연하다. 기업의 설립도 국가기금의 사정이 허락하는 한 국가계획에 의해서만 가능하였으며, 항상 국가기관과의 관계 속에서만 가능하였던 것이다. 이런 면에서 원칙적으로 민간개인이 자신의 자본이 허락하는 선에서 기업을 설립하고 시장상황에 따라 기업을 경영하는 자본주의기업과는 원칙적으로 다르다.

기업의 설립형태는 새로운 기업의 설립과 기존 복수기업

들의 병합설립 두 가지가 있는데, 이렇게 기업을 새로이 설립할 경우에도 사회주의적 계획경제체제에서는 국민전체의 총합적 의사결정인 국가계획의 범위 내에서 세워져야 한다. 이렇게 해야만 노동자에 대한 착취로 부의 편중이 일어날 수밖에 없는 자본주의를 극복할 수 있고, 그리하여 인간평등이 이루어지는 사회주의적 계획경제체제의 목표와 부합된다고 주장한다.

국가적 통제 ☞

국가계획이 자본가로부터의 노동착취를 방지하기 위한 방편으로 만들어진 국민전체의 공동의사결정이기 때문에 국가계획은 국민전체의 입장을 고려하여 만들어졌다. 그런데 국민전체의 입장보다 특수한 부분을 위하는 것이 더 국민을 위한다고 생각하는 경우에는 산업적 구조는 물론이고 지역적 구조를 고려하였다. 그리하여 기업을 새로이 설립하기 위해서는 경제통제기관인 당해 공업성과 지역적 기관 특히 지역회의 및 촌락회의와의 상호협조를 필요로 한다. 여기에는 계획된 기업이 해당산업과 지역경제에서의 효율성을 갖고 있다는 증명이 있어야 승인되므로 전 국가적 또는 지역적으로 공공기관의 철저한 통제는 원칙적으로 불가피한 것이다. 한마디로 말해 국민전체의 합의로 이루어진 국가적 통제를 해야만 기업활동으로 인한 노동의 착취가 일어나지 않는다는 것이다.

사회주의국가가 경제체제를 변환하기 이전의 경제개혁을 통하여 기업에게 어느 정도의 이윤보유 및 의사결정권을 허용했다고 하더라도 이러한 기업의 사회주의적 계획경제체제 내에서의 부속기관이라는 위치는 바뀌지 않아 기업은 항상 국가경제계획 속에 엄격하게 편입되어 있었다. 이뿐만 아니라 사회주의 기업은 앞에서 말한 이유로 인해 상위관리단위들로부터 통제를 받았다.

노동착취방지 ☞ 사회주의발전 ☞

그런데 사회주의적 계획경제체제는 지금까지 설명한 노동착취방지를 해결해야 할 뿐 아니라 동시에 사회주의발전을 이루어야 하는 어려운 문제를 가지고 있었다. 이 문제와 관련하여서도 사회주의기업이 국가에 소유된 채 전국민의 노동량을 계산하는 국가차원의 조정을 받을 때, 자본가에 의한 노동의 착취가 일어나지 않는 동시에 사회주의경제의 발전을 이루어진다고 생각하고 있다. 여기서 노동의 착취가 일어나지 않으면서도 사회주의경제의 발전을 이룰 수 있는 것은 기업을 통제하는 국가계획이 매년 전년도보다 생산량이 더 많은 목표를 기업마다 할당하여 주고 기업은 이를 실현한다면, 노동착취를 방지하는 국가적 통제가 사회주의적 경제발전을 가능하게 한다고 생각하기 때문이다. 이러한 할당이 실현가능한 것은 국가단위의 연구개발을 통해 국가전체의 생산력을 높이고, 기업목표에 대한 달성 및 초과달성을 한 기업과 노동자에게 사내유보기금 및 보너스가 더 많이 배분되기 때문이다.

사내유보기금 ☞ 성과급 ☞

즉, 국가는 국가기금이 허락하는 수준에서 국가계획을 통해 전국민의 의식주, 교육, 의료 등에 대한 최저생활을 보장하고, 경영자와 노동자는 국가의 보증으로 도산되지 아니하는 기업에 종신고용되었던 것이다. 또한 이윤을 많이 남긴 기업에 대해서는 사내유보기금을 허용하며, 경영자와 노동자에 대한 훈장과 능력수당을 지급해 주었다. 사회주의적 계획경제체제에서는 자본가가 없기 때문에 자본가에 대한 노동의 착취는 일어나지 아니하였다. 먼저 개인당 노동량에 따라 임금이 총노동량을 계산하는 국가기관에서 계산된 상태에서 우수기업의 경영자와 노동자로 인한 초과이윤은 그들의 성과에 따라 경영 및 노동에 대한 성과급의 형식으로 일정부분 지급되기 때문에 자본가의 착취 없이 사회주의경제의 발전을 이룰 수 있다고 생각하였다(〈그림 16〉 참조).

〈그림 16〉 노동착취와 사회주의발전

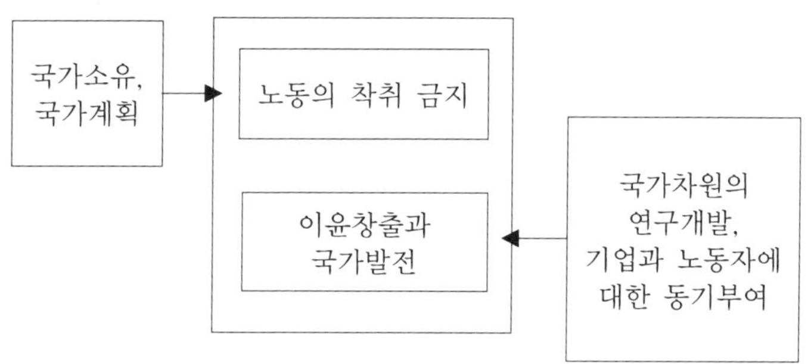

국가적 계산 ☞

그러나 아무리 기업유보기금 및 성과급을 인정한다고 하여도 경영자와 노동자의 성과에 대한 많은 부분은 일하지 아니하는 유년자, 노인 및 장애자와 생산성이 부진한 기업의 노동자에게도 할당된다. 경영자와 노동자의 성과가 노동을 하지 아니하는 사람들에게도 할당되는 이유는 이미 말했듯이 사회주의기업은 국가전체 노동자만의 소유가 아니라, 전국민의 총합체인 국가에 소유되는데서 나온 결과이다. 한마디로 사회주의기업의 이윤은 전국민의 소유하는 기업에서 경영자와 노동자가 노동한 결과이며, 국가기관이 전국민의 소유지분과 경영자 및 노동자의 노동성과를 국가적 계산에 의하여 그들에게 지급하였던 것이다.

전체평등개념 ☞
개인능력개념 ☞

사회주의기업의 이윤에 대한 노동착취 극복눈제는 전체평등개념과 가깝고 사회주의발전눈제는 개인능력개념과 가까워 서로 상반되는 관계처럼 보인다. 즉 경영자와 노동자에 대한 착취를 극복하기 위해 사회주의기업은 원칙적으로 국가기관에 의해 통제되었으며, 사회주의국가전체의 생산력 발전을 위해 사회주의기업으로 하여금 이윤창출을 대한 고유의 권한과 책임영역을 가지게 하고 이 영역은 경제개혁 과정에서 점차 확대되어 갔다. 그리하여 국가기업의 자율성, 즉 권한과 책임의 영역이 많으면 많을수록 그만큼의 사회주의적 중앙집권주의의 포기를 의미하는 것이어서 자연히 사회주의적 계획경제체제에서는 운영의 딜레마가 나타났다.

운영의 딜레마 ☞

사회주의적 계획경제에서 자본가의 노동착취를 막기 위한 국가적 통제는 기업에 대해 품질향상 및 제품혁신 면에서의 비효율성을 가져다주었다. 사회주의국가에서는 기업의 이윤배분이 국가기관의 철저한 통제를 받고, 기업도 아주 제한된 행동반경만을 가지고 있었다.

그러나 이러한 이윤분배에 관한 통제는 중앙정부기관 자체에게도 많은 부담을 주었기 때문에 중앙기관의 부담을 덜고 기업의 생산성 향상을 통한 사회주의발전을 위해 경제체제의 변환 이전에도 기업경영에 관한 상당부분을 기업에 이전시켜 이윤창출을 유도하였다.

2.3.3 생산요소비용

지금까지는 사회주의기업의 경우에 있어서 생산 전의 기업외부의 국가기금으로부터의 전입과 생산 후에 발생하는 이윤의 국가기금에로의 처리에 대한 특수성을 설명하였는데, 기업내부의 생산과정에서 생긴 생산요소에 대한 비용 또한 자본주의기업에 비교해 볼 때 특이한 점이 발견된다. 기업자금과 토지가 국가에 소유되고 기업 또한 국가소유이기 때문에 자본주의기업에서 상당한 액수에 달하는 비용으로 처리되고 있는 자본의 이자와 토지의 지대는 사회주의기업에는 생각할 필요가 없다. 생산시설의 감가상각비나 재료비 등의 비용은 생산시설이나 재료 등을 사회적으로 필요한 추상적 평균노동량에 의한 가격으로 구입하였다는 것을 제외하고는 그 처리 방식이 자본주의방식과 동일하다. 즉 사

자본의 이자 ☞
토지의 지대 ☞

회주의기업에서의 생산요소비용에는 이자나 지대 등은 빠지고 임금과 감가상각비 및 재료비 정도만 고려된다.

이중 기업내부의 경영자 및 노동자에게 지급되는 임금은 기업이 국유화된 관계로 특이한 성격을 가진다. 사회주의적 계획경제체제에서 기업의 과년도 생산량에 따른 이윤성과를 기준으로 국가재정에서 생산기금이 각 기업에 나누어지면, 자본주의체제에서 인정하는 노동에 대한 임금은 물론 자본에 대한 이자, 토지에 대한 지대 및 기업운영에 대한 경영능력수당에 해당하는 부분이 모두 경영자 및 노동자에게 할당되는 특수성을 보인다. 왜냐하면 사회주의체제에서는 자본가 및 지주를 인정하지 아니하고 자본 및 토지가 모두 국가에 귀속되어, 자본주의체제에서라면 자본가 및 지주에 할당될 이자와 지대는 사회주의기업의 구성원인 경영자와 노동자에게로만 나누어지기 때문이다.

경영능력수당 ☞

그리하여 사회주의기업에서는 경영자 및 노동자에게 임금외에 이자, 지대 및 경영능력수당에서의 일부분이 자본주의체제보다 더 지급되는 것이다. 경영능력수당의 일부분도 이에 포함되는 것은 기업의 도산방지는 국가지원에서 보전하여 주므로 경영능력수당에서 경영자의 위험관리수당은 제거되고, 경영자의 목표생산량의 달성에 대한 입직수당만 인정되기 때문이다. 그리하여 기업도산의 위험이 존재하지 아니하는 사회주의적 계획경제체제에서는 위험수당에 해당하는 부분이 경영자에게는 없다. 그러나 자본주의적 시장경제체제에서는 위험수당만큼의 기업도산의 위험이 존재한다.

이자, 지대 및 경영능력수당에서의 일부분이 자본주의체제보다 더 지급된다는 말은 물론 임금의 절대 액수의 측면에서 말하는 것이 아니라 총비용에서 임금이 차지하는 상

상대적 비율 ☞
절대액수비교 ☞

대적 비율의 측면에서 말하는 것이다. 여기서 양 체제간 임금의 절대액수비교는 생산성의 차이와 경제규모의 차이로 인해 자본주의기업의 생산액과 비용이 사회주의기업의 그것에 비해 월등히 크다는 점과 사회주의체제와 자본주의체제에서 임금으로 구입할 수 있는 제품가격에 대한 차이가 있다는 점 및 사회주의에서는 주택·의료 및 교육 등이 무료로 혜택받을 수 있다는 점 등으로 인해 불가능하다고 볼 수 있다.

전 국민에 대한 평등한 대우라는 입장에서 모든 노동자가족의 최저생활을 국가가 국가기금을 통해 보장하고 나서 기업노동자의 임금은 노동성과에 따라 비용으로 처리되어 지급된다. 또한 사회주의 노동자들은 일단 취직되면 징계나 본인의 의사가 아니면 거의 법정 퇴직 시까지 신분보장을 받았다. 기업의 이윤분배에 있어서 자본소유자 및 토지소유자에게 갈 이자 및 지대부분이 기금에 적립되었더라도 결국에는 국민의 대부분을 차지하는 경영자 및 노동자에게 분배되는 것이다.

하여튼 자본주의기업에서의 자본가에 대한 이자, 지주에 대한 지대 및 경영자에 대한 위험관리수당이 사회주의기업에서는 이들에게 지급되지 아니하고 기업의 노동자나 경영자에게 지급되거나 총이윤으로 남기도 하는데, 총이윤으로 남겨진 이 부분은 다시 사내유보기금이나 생산기금부과금 및 국가재정으로 다시 돌아가기 때문에 이 부분은 결국 국민의 대다수를 차지하는 경영자나 노동자에게 돌아가는 것이다(〈그림 17〉 참조).

〈그림 17〉 자본주의·사회주의기업의 생산요소비용

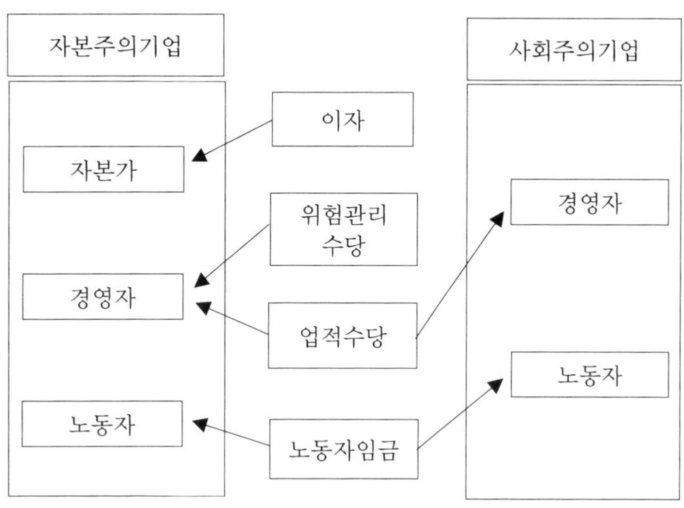

사회주의기업에서 비용 면에서 이자, 지대 및 위험관리수당이 제거된 채 기업이윤도 결국에는 경영자나 노동자에게 환급된다는 말은 사회주의체제의 기본이론인 노동가치론과 일맥상통한다. 앞에서도 말했듯이 사회주의기업의 생산요소비용은 노동자의 임금, 경영자의 위험관리수당이 제거된 업적수당, 생산시설에 대한 감가상각비 및 재료비 등으로만 구성되는데, 여기서 노동만이 가치를 가진다는 노동가치론에 의해 경영자의 업적수당은 노동자의 경우와 같이 임금으로 처리되고 생산시설과 재료의 구입가격도 체화노동량으로 계산된다. 그리하여 생산시설의 감각상각비와 재료비의 경우도 체화노동량의 소모분으로 계산된다. 이는 결국 감가상각비와 재료비조차도 자본의 한 형태라고 보는 자본주의체제와는 달리 사회주의체제에서는 임금의 한 형태라고 보는 것이다.

이와 같이 노동만이 가치를 창출한다는 노동가치론에 의해 운영되는 사회주의기업에서 노동만을 생산요소로 인정하는 것은 당연하며, 생산비용의 측면이나 이윤분배의 측면에서 공여지분이 노동을 제공한 경영자나 노동자에게 환급된다는 것 또한 당연하다.

그리고 노동자의 최저생활비를 보장하는 임금수준에서의 평생근무를 하게 하는 것이나, 경영자나 노동자는 아니라도 기업의 순이윤에서 전국민에 대해 의료·교육 및 주택문제를 해결해준다는 것 및 사치품에의 제품부과금과 생필품에의 가격지원금을 통해 총이윤을 조절한다는 것은 전 국민에 대해 최저생활을 보장한 상태에서 평등한 대우를 한다는 평등이념에서 나온 것이다.

게다가 비록 국가가 관리하지만 사내유보기금을 인정하는 것과 국가재정에서의 생산기금의 할당분이 전년도 그 기업의 생산기금부과금의 국가재정에의 기여도에 따라 결정된다는 것을 볼 때 비록 생산량기준이긴 하지만 업적 및 능력에 따라 기업을 대우한다는 능력주의 또한 사회주의기업을 움직이는 기본틀임을 알 수 있다.

이와 같이 사회주의기업과 국가기금과의 관계는 생산요소에 있어서의 노동가치, 노동자와 전국민에 대한 평등이념 및 국가계획목표달성에 대한 능력주의가 유기적 혼합상태로 나타난다고 할 수 있다.

유기적 혼합 ☞

사회주의체제에서 이와 같이 국가기금을 이용하여 기업경영을 한다는 것은 자본주의기업과 비교해 볼 때 상대적인 비효율성에 대한 소지를 원천적으로 가지고 있는 것이다. 다시 말해 사회주의기업은 국유화된 상태에서 국가기금을 이용하여 도산의 위험 없이 경영을 하기 때문에 생산성향상을 위한 노력, 기업의 신규투자결정, 신제품개발 및 신규시장개척 등을 하지 아니하면 도산될 수밖에 없는 자본주의기업에 비해 상대적으로 비효율성에 대한 소지를 원천적으로 가지고 있는 것이다. 특히 결국에는 게으른 노동자도 보호한다는 면을 가지고 있어 그 효율성은 더욱 떨어져 그만큼 사회주의기업은 노동자의 자질에서도 경쟁력이 떨어지는 것이다.

사회주의붕괴 ☞

이러한 자본주의기업에 대해서의 상대적인 비효율성은 상당히 심각하여 사회주의국가가 자본주의국가에 문호를 개방하자마자 사회주의권 대부분의 국가가 경제체제를 변환하는 사회주의붕괴현상을 가져올 정도였다.

임금격차 ☞

이와 같이 신규투자 등을 비롯한 기업운영의 중요한 사항들이 국가계획으로 정해지고 웬만한 과업들이 국가계획의 지표로 정해지는 관계로 사회주의기업에서는 경영자와 노동자간의 임금격차도 자본주의기업의 경우와 비교해 볼 때 매우 작았다. 물론 사회주의체제의 이론에 의하면 경영자나 노동자나 단지 학업년수 및 직업년수만이 약간 인정될 뿐 원칙적으로는 동질의 노동을 가진 노동자로 본다. 즉 업무의 난이도나 노동강도 및 업무업적 등은 원칙적으로 인정되지 아니하는 것이다.

그러나 현실적으로 품질의 향상과 생산량의 향상을 위해 기업경영자에 대한 임금을 단순노동자의 임금에 비해 몇 배 더 주었는데, 이러함에도 불구하고 경영자의 임금에는 위험대응에 대한 보수가 고려되지 않기 때문에 사회주의기업에서의 경영자와 노동자간의 임금격차는 자본주의기업의 경우와 비교해 볼 때 매우 작았던 것이다.

자본주의기업에서 제일 중요한 경영자의 기업위험관리에

대한 수당이란 기업위험에 대해서는 사회주의기업이 국가소유인 상태에서 국가기금이 보증하여 주는 관계로 존재하지도 아니하며, 신규시장개척, 신제품개발 및 신규시설투자 등은 사회주의기업 경영자의 의사결정사항이 아니고 국가재정의 여유와 관련된 국가계획의 결정사항이기 때문에 사회주의기업에서는 최고경영자라도 기업 내 전체노동자의 팀장 정도에 불과하며, 그만큼 경영자와 노동자는 역할 면에서도 큰 차이가 없고 임금의 차이 또한 그리 크지 않을 수밖에 없는 것이다.

그 결과 기업경영자는 위험변수가 많은 신규투자 등에 대하여 신경을 쓰지 아니하고 국가계획 생산량의 초과생산에만 신경을 쓰게 되는 것은 당연한 귀결이다. 더욱이 경영자가 계획생산량에 대한 초과생산에만 신경을 쓰고 판매량에는 무관심할 때 이에 대한 재고처리로 인한 비용이 더 발생하게 되는 극심한 비효율성이 나타나기도 하였다. 이와 같이 신제품개발을 위한 신규투자나 판매량증대에는 무관심하고 생산량증대에만 관심을 가지게 되는 경영자의 태도는 급변하는 기업환경에서 신제품을 계속 생산하여야 생존가능한 자본주의기업에 비해 효율성을 저하시키는 주요 요인 중의 하나가 된 것이다. 또한 소비자의 다양한 욕구에 따른 제품의 다양화는 물론 소비자를 유인할 제품디자인에도 신경을 쓰지 아니하게 된 것이다.

2.4 사회주의적 제품생산과 국가기금의 장단점

2.4.1 장점

사회주의적 계획경제체제에서는 노동만을 생산요소로 보기 때문에 그만큼 제품생산에 있어서 노동을 제공하는 경영자와 노동자의 자긍심이 생기게 하는 장점이 있다. 특히 노동자는 자신이 생산한 제품으로부터 소외되지 아니하는 관계로 제품이 자신의 노동에 대한 투여물이라고 보기까지 하여 자본주의기업의 생산에서와는 달리 생산제품에 대한 주인의식이 생긴다.

또한 유물론적 입장에서 사회를 생산력의 소유자와 생산수단의 소유자의 관계로 보기에 생산력의 소유자와 생산수단의 소유자의 관계가 일치되는 사회주의적 계획경제체제에서는 생산력의 소유자가 노동을 하는 경영자와 노동자가 된다. 그렇기 때문에 결국 기업의 소유자는 경영자와 노동자의 국가적 총합체가 되는데, 이러한 결과 기업에 대해서도 주인의식이 생기는 장점을 가진다.

기업의 이윤은 상당부분 전국민에 대한 생활보장기금으로 나가기 때문에 국가기금제도는 전국민의 입장에서 보면 매우 좋은 제도이다. 특히 이윤은 전국민의 최저생활을 보장한 상태에서 노동으로 인해 가치를 창출하는 경영자나 노동자에게 장기적으로나 단기적으로 결국에는 분배되므로 경영자 및 노동자에게는 좋은 경제체제라 할 수 있다. 자본주의적 시장경제체제에서의 자본가에게 돌아갈 이자부분이 경영자나 노동자에게 돌아가게 하는 경제체제이므로 이는 당연하다 하겠다.

위험수당을 받는 경영자에게도 이것이 해당되는 이유는 자본주의적 시장경제체제에서는 위험수당만큼의 기업도산의 위험이 존재하므로 위험과 관련한 기대값은 제로이기 때문이다. 사회주의적 계획경제체제에서는 기업도산의 위험이 존재하지 아니하므로 위험수당에 해당하는 부분이 없는 것은 당연하다. 다시 말해 자본주의적 시장경제체제에서나 사회주의적 계획경제체제에서 경영자의 위험 및 위험수당으로 인한 장단점의 비교는 해당사항이 없는 것이다.

또한 생산기금자체가 각각의 기업차원에서 운영되는 것이 아니라 국가차원에서 운영되기 때문에, 이윤을 남기지 못하는 기업도 큰 타격을 받지 아니한다는 점에서 좋은 제도라 할 수 있다. 게다가 사내유보기금을 사용하여 제한된 범위나마 기업투자를 할 수 있고, 많은 제품을 생산한 우수경영자나 노동자에게는 능력수당을 지급하기 때문에 능력에 따른 혜택도 어느 정도 있는 장점을 가진다.

특히 전국의 각 기업에서 모여진 국가기금은 상당한 액수가 되기 때문에 큰 액수를 필요로 하는 사업일 경우에는 매우 효과적으로 사용될 수 있다. 그런 면에서 같은 규모의 국가경제의 자본주의국가와 비교해 볼 경우 국가적인 기간산업에 필요한 투자액은 쉽게 모을 수 있는 장점이 있다. 자본주의정부가 국가적인 차원에서 기업의 생산성을 올리기 위한 가용자원은 국민의 납세로만 이루어지는데 비해 사회주의정부는 납세 이외에 전국의 모든 기업의 이윤에서 모여진 생산기금으로도 국가적인 차원에서 기업의 생산성을 올리기 위한 가용자원으로 사용할 수 있는 것이다. 국가적인 차원에서 기업의 생산성을 올리기 위한 투자는 대부분 기간산업에의 투자로 댐, 철도, 항만, 통신, 도로 등을 그 예로 들 수 있겠다.

자본주의기업의 각자 실시하는 분산된 투자는 중첩된 투자를 하기 쉬운데 사회주의적 국가기금에 의한 투자는 하나의 목적으로 집중적으로 쓰일 수 있기 때문에 사회주의적 국가차원의 투자는 중첩된 투자를 하지 아니한다는 면에서 자본주의적 분산투자보다 더 효율적이라 할 수 있다. 이러한 효과는 연구분야와 생산시설에서 잘 나타난다. 자본주의 국가의 경우 연구프로젝트에서 수익성을 올릴 수 있는 정도의 상용화되는 연구는 그 확률이 매우 낮은 것이 보통인데, 상용화되지 못하고 사장되는 연구비의 국가적 총액은 상당히 크다. 그러나 사회주의국가의 국가기금으로 인한 연구는 대부분 사회주의기업에서 제품화되기 때문에 그러한 연구비 손실은 자본주의국가에 비해 매우 작으며 그만큼 효율적이라 할 수 있다.

자본주의기업의 생산시설은 급변하는 경쟁시장에서 조금만 지나면 거의 쓸모가 없어지고, 특히 그 기업이 어떠한 이유에서는지 노산되번 고칠과 비슷하게 되는 경우가 많다. 그러나 사회주의기업의 생산시설은 경쟁상태가 없기 때문에 물리적 노후화가 될 때까지는 계속 사용할 수 있다. 게다가 기입의 계속적 존속은 국가가 보존하여 주기 때문에 도산으로 인한 생산시설의 허비 또한 없는 것이다.

국방분야 및 우주항공분야와 같이 국가적 비밀과 대규모 투자를 원하는 사업은 국가기금에 의한 사회주의적 투자가 더욱 효율적이다. 경제규모는 유럽국가나 일본에 비해서도 떨어지는 구소련이 이 분야에서 이들 국가보다 훨씬 앞서는 것은 물론이고 미국과 버금갈 정도로 세계적인 선두주자로서의 위치를 차지하고 있었던 이유도 이러한 장점이 나타난 좋은 예이다.

사회주의국가에서는 화폐축적을 국가기금에서 관리하는 관계로 민간자본의 투기적 행위가 자동적으로 금지되었는데, 이로 인해 자본주의국가에서 발생하는 인프레이션이나 디프레이션 현상이 사회주의국가에서는 발생하지 아니하는 장점이 있다. 사회주의국가에서는 개인의 화폐에 대해 제품 구입에의 지불수단 및 예비적 저축수단으로 인정될 정도의 화폐에 대해서만 개인적 소유를 인정하고 나머지는 국가기금에서 관리하기 때문에 자본주의적 시장경제체제에서 민간적 자본축적에 의해 발생하는 공황적 위기는 사회주의적 계획경제체제에서는 발생하지 아니하는 것이다(〈그림 18〉 참조).

〈그림 18〉 사회주의적 제품생산과 국가기금의 장점

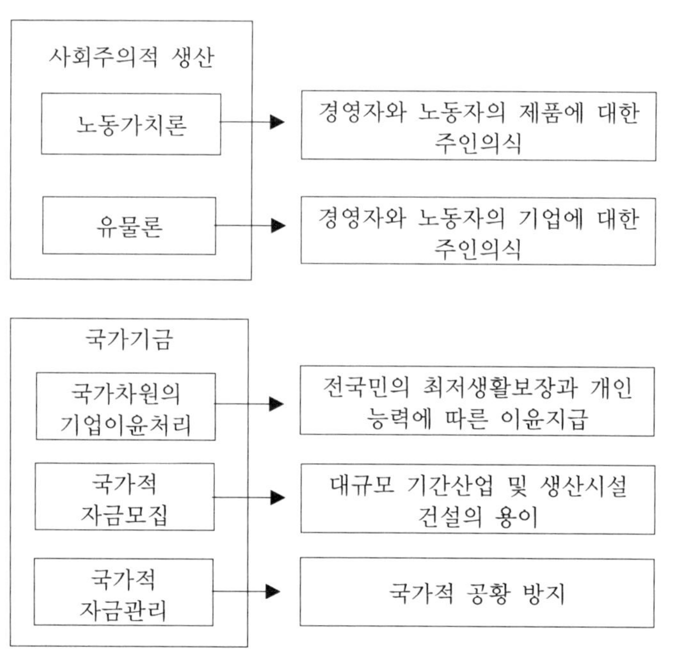

2.4.2 단점

사회주의국가가 노동가치론 및 유물론에 의거하여 제품생산을 하고 국가기금으로 국민전체의 생활보장과 모든 기업의 계속적 존속을 보장한다는 원칙 그 자체로 인하여 다음과 같은 비효율성을 가져왔다.

우선 노동가치론에 인하여 시장소비자의 다양한 욕구는 완전히 무시되어 국가 내 전체기업은 획일적 생산이 이루어졌으며 유물론에 의하여 비물질적 제품의 생산은 경시되어 서비스산업 및 정보산업의 발달을 가져오지 못한 것은 사회주의적 계획경제체제의 이론자체가 가지는 커다란 결점에 속한다.

또한 사회주의적 계획경제체제에서는 국가차원에서 전국민에게 최소한의 생활보장을 하고 모든 기업에게 존립의 안전성을 주는 국가기금은 국가차원에서 공동으로 운영되어 개인단위의 노동성과와 기업단위의 생산량성과가 국가전체의 차원에서 국민전체 및 기업전체에게 공동으로 분배되었다.

타인이나 타기업에게 돌아갈 몫을 위해 일할 경영자나 노동자는 자본주의기업에서는 물론 사회주의기업에도 그리 많지 않아 상대적으로 전체 경영자 및 노동자의 근무태만과 기업의 비효율성을 가져왔다. 이러한 비효율성은 일하지 않아도 해고되지 아니하고 생산성이 낮아도 도산되지 아니하는 안위감과 함께 작용하여 전체 경영자 및 노동자의 근무태만과 기업의 비효율성은 극에 달하였으며, 결국에는 사회주의적 계획경제체제의 붕괴를 가져오는 근본원인이 되었다.

사회주의국가의 국가기금에 의한 국가차원의 연구분야에 있어서도 한번 연구되어진 것은 거의 제품화되었기 때문에 사회주의기업의 제품은 자본주의기업의 제품에 비해 조악하기 이를 데 없었다. 또한 사회주의국가의 국가기금에 의한 국가차원의 연구는 다방면에 의한 연구를 할 수 없기 때문에 사회주의기업의 제품은 지본주의기업의 제품에 비해 디자인 및 기능 면에서 매우 단순하게 되었다. 사회주의기업의 생산시설 또한 물리적 노후화가 이루어질 때까지 사용되었기 때문에 자본주의기업의 생산시설에 비해 기능 면이나 품질 면에서 매우 뒤떨어졌으며, 노후화된 생산시설은 고장을 잘 일으켜 수리비용도 상당히 드는 비효율성을 가져왔다.

이와 같이 자본주의기업의 제품에 비해 품질, 기능 및 디자인 면에서 모두 뒤떨어졌더라도 사회주의기업의 제품은 자본주의국가에 대한 개방 전에는 그런대로 사회주의국가의 소비자에게 판매되었다. 그러나 사회주의국가의 전격적인 대외개방으로 인해 자본주의기업의 제품이 자유로이 수입된 후에는 완전히 사회주의국가의 소비자로부터 외면당했으며, 이 또한 사회주의적 계획경제체제를 붕괴시키는 또 하나의 원인이 되었다.

국가기금방식에 의한 국방분야 및 우주항공분야의 공헌은 매우 높은 것은 주지의 사실이다. 단지 국가차원에서는 국방분야 및 우주항공분야에서 눈부신 발전을 하였지만 이로 인한 일반기업에의 국가기금지원이 그만큼 소홀해져 일반기업은 간단한 내구성소비재나 기타 편의소비재조차 품질 면이나 외형 면에서 상당히 조잡한 제품을 만들어내는 결과를 가져왔다.

특히 사회주의적 계획경제체제에서는 화폐의 민간축적을 금지시킨 가운데 화폐발행을 최소화하는 국가적 자금관리로 인해 자본주의적 시장경제체제에서와 같은 공황발생의 위험성은 적으나 이로 인한 화폐부족현상으로 화폐의 지급을 원칙으로 하는 세계시장경제에서 점점 더 고립되는 현상을 가져왔다. 뿐만 아니라 기업단위의 자금고갈로 인한 기업 내 비축자금이 부족하였기 때문에 자본주의와의 대외교역이 완전히 자유화되어 사회주의제품이 자국 내 소비자로부터 외면되었을 때 사회주의기업은 극심한 운영자금의 부족현상이 일어났으며, 이로 인하여 사회주의기업 전체가 파산하게 되는 결과가 발생하였다(〈그림 19〉 참조).

〈그림 19〉 사회주의적 제품생산과 국가기금의 단점

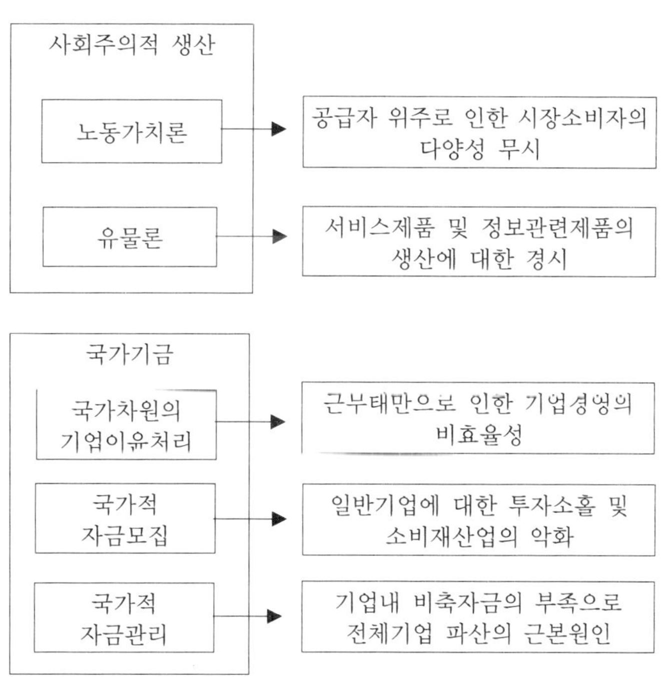

참고문헌

· 고정식 (2005), "가격자유화와 시장화", 내: 「현대중국경제(저: 유희문 외)」, 교보문고, pp.271-324.

· 김영봉 (1987), 「경제체제론」, 박영사, pp.28-60.

· 배진영 (1991), 「구동독의 가격체계와 시장경제체제로의 전환」, 대외경제정책연구원, pp.16-24,. p 40.

· 베르너/ 굼펠 (1989), 「동유럽 경제권 - 사회주의 경제제도 (역: 유임수, 민경국)」, 학문사, pp.125-136, pp.141-156.

· 오용석 (1988), 「공산권 경제의 탈마르크스 경제학: 소련, 중공, 동구경제의 운용 원리와 개혁의 논리」, 슬라브연구사, pp. 34-52, pp.95-101, pp.221-259.

· 이상준 (1988), 「공산권교역 - 그 본질과 전망」, 매일경제신문사, pp.58-63.

· 이정전 (1993), 「두 경제학 이야기: 주류경제학과 마르크스경제학」, 한길사. pp.69-175.

· 조규진 (1994), "동구권 가격체계가 서구기업의 동구 진출에 미치는 영향", 한국국제경영학회 발표논문집, 제2차 학술발표회, pp.149-165.

· 조규진 (1997), "경제체제변환 전・후의 사회주의 기업운영에 대한 경제체제적 분석", 한국질서경제학회, 질서경제저널, 1호, pp.277-303.

· 조규진 (1998), "구사회주의권 기업위기의 원인과 이의 극복과정에 대한 경제체제적분석; 중・러기업을 중심으로", 한국경영학회, 추계학술연구발표, pp.509-514.

· 조규진 (2008), "과거 사회주의 국가의 제품가격 책정에 대한 국가기금의 영향 - 이론적 접근", 경영사학, 23집 1호, 한국경영사학회, pp.225-250.

· 조규진 (2009), "체제전환국가들의 기업사유화 및 제품가격변환 과정에 대한 서술적 비교연구 -러시아.중국.동독을 중심으로 -", 경영사학, 24집 1호, 한국경영사학회, pp.113-136.

· 조규진/ 백희정 (1994), "사회주의기업의 분류에 대한 이론적 고찰; 중・러기업을 중심으로", 광운대, 기업경영연구, 3권, pp.77-94.

· 조규진/ 최용민 (2005), "러시아 외환정책의 변천과정에 대한 사적 고찰", 경영사학, 20집 5호, 한국경영사학회, pp.213-240.

· 조규진/ 홍의 (2006), 북한의 유통제도에 대한 경제체제적 분석 -7.1조치와 관련하여-", 유통정보학회지, 9권 3호, 한국유통정보학회, pp.121-141.

· 주현/ 이윤(1990), 「소련의 산업생산체제와 합작투자제도」, 산업연구원, pp.35-44, pp.73-76.

· 지만수 (2005), "중국 대기업의 성장과 한계", 내: 「중국의 산업고도화 및 기업성

장의 현황과 시사점; 중국 위협의 재평가 (편: 지만수 외)」, 대외경제정책연구원, pp.151-200.
- 진회 (2002), "중국의 서비스시장 개방화와 중국경제", 내: 「중국 서비스산업의 시장개방과 외국기업의 진출방안 (편: 박월나, 최의현)」, 대외경제정책연구원, pp.11-30.
- 한홍석 (2000), "중국 국유기업 개혁의 특징과 금융개혁 과제", 내:「중국의 경제개혁과 한국기업의 진출전략 (편: 김용준)」, 성균관대학교 출판부, pp.75-106.
- 홍의/ 조규진 (2007), "중국 유통개혁의 단계별 특징 및 경제체제적 접근", 경영사학, 22집 3호, 한국경영사학회, pp.333-356.
- Ambree, K./ Behrens, H./ Einhorn, H. et al. (1988), *Sozialistische Volkswirtschaft*, Ost-Berlin.. pp.244-225.
- Bardmann, M. (1986), *Die Preistypdebatte, ihre Grundlagen und ihr Einfluss auf die praktische Ausgestaltung des Preissystems der DDR*, Ost-Berlin. pp.36-50.
- Becher, J./ Fabiunke, G./ Hoell, G. et al. (1977), *Politische Ökonomie des Kapitalismus und des Sozialismus*, Ost-Berlin. pp.564-566.
- Freris, A. (1984), *The Soviet Industrial Enterprise - Theory and Practice*, Croom Helm, Sydney, Australia. pp.4-12.
- Gutmann G. (1981), *Volkswirtschftslehre - Eine ordnungstheoretische Einführung*, Stuttgart. pp.29-54.
- Heitger, B. (1990), "Wirtschaftliches Wachstum in Ost und West im internationalen Vergleich seit 1950", *Die Weltwirtschaft*, H.1, pp.174-178.
- Kosta, J. (1984), *Wirtschaftssysteme des realen Sozialismus - Probleme und Alternativen*, Köln, Bund Verlag. p 265.
- Kraljic, Peter (1990), "The Economic Gap Separating East and West", *Columbia Journal of Business*, Winter, pp.14-19.
- Marx, K. (1965), *Das Kapital - Kritik der politischen Ökonomie*, Band I, Ost-Berlin. pp.49-61.
- Richter, H (1988), *Politische Ökonomie Kapitalismus-Sozialismus: Lehrbuch für das marxistiisch-leninistische Grundlagenstudium*, Ost-Berlin. p 734.
- Sik, O. (1987), *Wirtschaftssysteme: Vergleich - Theorie - Kritik*, Berlin, Springer Verlag. pp.17-58.
- Wagener, H.-J. (1986), "Wer gibt im Sozialismus den Unternehmer ? Nicht nur ein Besetzungsproblem", in Nutzinger, H. G.(eds.), *Bertrieb und Partizipation in Osteuropa*, Frankfurt-New York, pp.63-69.
- Wilczynski, J. (1974), *Das sozialistische Wirtschaftssystem* (Übers.: Eekhoff, G.), Köln. pp.118-122, pp.144-158.

제3장
사회주의기업의 의사결정

3.1 의사결정주체

집중적 의사결정 ☞

여기에서는 사회주의기업이 어떠한 과정을 거쳐 의사결정을 하는가를 알아보려 하는데, 이는 결국 사회주의기업이 국가의 집중적 의사결정과 관련하여 어떻게 운영되는가를 분석하는 것이다. 사회주의기업과 집중적 의사결정의 관련성은 국가계획에 의한 경제조정에서 귀결된 특성이다. 국가가 국가계획에 의해 국가경제의 전반을 조정한다는 것은 국가가 국가차원에서 국가경제운용에 대한 계획을 세우고, 기업으로 하여금 이러한 국가계획에 따라 경영을 하게 한다는 것이다. 이리하여 국가의 집중적인 의사결정이라는 사회주의적 의사결정방식으로 인하여 기업내부의 의사결정에 해당하는 경영문제 및 기업외부의 의사결정에 해당하는 기업과 다른 기업과의 관련성문제의 측면에서 사회주의적 계획경제 체제에서는 어떠한 형태로 나타나는가를 다루게 된다.

국가계획에 의한 경제조정은 원천적으로는 기업의 국가소유에서 파생된 원리에 불과하기 때문에 의사결정의 주체는 원칙적으로 국가이다. 의사결정주체로서의 국가는 국가계획을 통하여 국가의 구성부분에 불과한 기업에 대해 목표생산량 등의 틀만 정해주는 중앙집권적 의사결정방식을 취하는 것이다. 물론 국가는 기업에 대하여 생산목표량이 얼마인가에 대한 계획과 그 목표량이 제대로 완성되었는가에 대한 통제만 할 뿐 집행에 대한 문제는 특정기업에 맡기는 것이다. 기업경영의 모든 의사결정사항에 대하여 국가가 의사결정하는 것은 불가능하기 때문에 국가는 계획과 통제에 대한 의사결정사항을 담당하고 집행에 대한 의사결정사항은 기업에 맡기는 것이다. 즉 사회주의체제 내 모든 기업의 경영에

집행 ☞

계획과 통제 ☞

대한 측면에서 볼 때 국가가 중앙집권적으로 의사결정하는 것은 기업을 모두 국가가 소유한다는 기업의 소유문제로 인하여 당연한 귀결이라고 할 수 있다.

이리하여 기업의 국가소유문제와 직접 관련된 국가기금의 특성과 국가계획에 의한 조정문제와 직접 관련된 집중적 의사결정의 특성은 각기 별개로 나타나는 것이 아니라 서로 복합적으로 나타나는 부분이 많다. 기업설립과 기업운영에 대한 국가기금사용은 국가계획에 의해 이루어지며 집중적 의사결정은 기업이 국가에 소유되기 때문에 가능한 것이다. 사회주의기업의 제품생산은 원칙적으로 경영자에 의해 이루어지나 사회주의기업의 경영자는 의사결정의 범위가 매우 제한적이다. 즉 사회주의기업의 경영자는 국가계획지표가 정하여준 목표를 달성하는 방법에 대한 의사결정을 할 뿐이다. 사회주의기업에서 볼 때 기업은 국가계획에 종속적인 타율적 의사결정을 하는 것이다.

타율적 의사결정 ☞

좀 더 구체적으로 말한다면, 사회주의기업의 존립과 관계되는 전략적 의사결정에 대한 주체는 국가계획을 작성하는 국가이며 기업에서는 국가계획을 실행하는 기관으로 기업내부자원의 구조와 관련되는 관리적 의사결정과 일상적으로 반복되는 업무처리와 관련된 업무적 의사결정만 이루어질 뿐이다. 더 구체적으로 말한다면, 국가는 사회주의기업의 전략적 의사결정사항에 대해 계획과 통제를 하고, 기업은 전략적 의사결정사항에 대해서는 실행만 하고 관리적 의사결정사항과 업무적 의사결정에 대해서는 계획, 실행 및 통제를 모두 담당한다고 볼 수 있다(〈그림 20〉 참조).

〈그림 20〉 사회주의국가의 의사결정주체

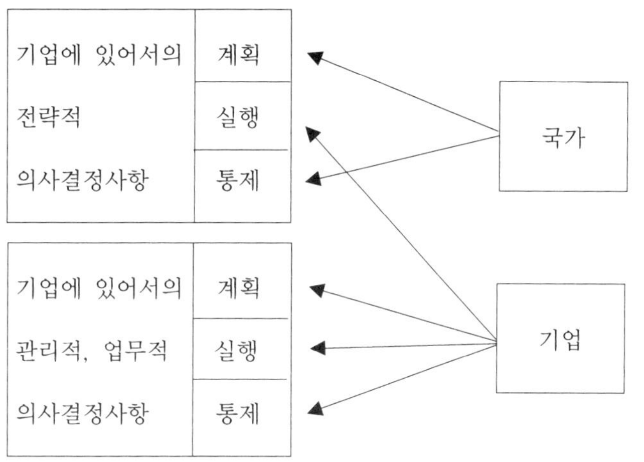

자율적 의사결정 ☞

이에 비해 자본주의기업은 국가독립적인 자율적 의사결정을 하기 때문에 모든 의사결정의 주체는 민간경영자이다. 자본주의기업에서는 물론 전략적, 관리적 및 업무적 의사결정사항의 계획, 실행, 통제가 모두 기업에서 이루어진다. 그리고 자본주의기업은 소비자가 원하는 제품을 생산하기 위해 기업 스스로가 시장조사를 해야 할 뿐 아니라 경쟁기업의 제품혁신 가능성에 대비하고 향상된 소비자 욕구를 충족시켜 주기 위하여 부단히 혁신을 하여야 한다. 그 결과 제품의 종류가 다양화되고 제품의 질은 계속 향상된다.

신제품개발 ☞

그러나 사회주의적 계획경제제세에서는 기업존립에 대한 위험성이 거의 없는 상태에서 신제품개발에의 시설투자에 대한 의사결정 또한 국가기관의 의사결정인 국가계획에 의거하여 앞에서 설명한 생산기금이 허용하는 한도 내에서 국가전체기업에 대해 일률적으로 이루어지기 때문에 개별적인 생산기업에게 소비자를 만족시킬 수 있는 제품의 다양화 및 제품질의 향상을 바랄 수 없는 것이다. 국가계획당국은 각각의 기업에게 전략적 의사결정사항에 속하는 신제품개발

등을 맡기지 아니 할 뿐 아니라 설령 자사유보기금으로 신제품개발을 허용한다 하여도 그 액수는 신제품개발을 위해 투자할 만큼 넉넉하지 못하기 때문에 신제품개발 등에 대한 생산기업 스스로의 의지는 거의 없다고 해도 과언이 아니다. 또한 제품의 종류나 품질에 대한 전략적 의사결정이 국가계획당국에 의해 이루어진다.

제품가격의 책정 ☞

제품가격의 책정에 있어서도 기업 스스로 자율적으로 의사결정하는 것이 아니라 국가가 일방적으로 정하여준 국가고시가격으로 책정된다. 이러한 기업생산제품에 대한 국가고시가격제도 또한 집중적인 의사결정체계의 결과라 할 수 있다.

같은 종류의 제품이라도 제조기업의 수준, 생산시설의 형태나 노후성 등으로 인해 제품의 질이나 형태가 다를 수밖에 없는데도 불구하고, 상이한 제품의 질 및 형태에 대하여 국가고시가격을 적용한 결과 제품가격은 같게 되는 모순점을 가져왔다. 게다가 국가가 제품의 가격을 책정하는데 있어서 하나의 제품을 만드는데 대한 근로자의 노동시간을 사회적으로 평균한 공급자 입장에서만의 기준으로 계산하는 것을 원칙으로 삼았는데 이러한 결과로 인하여 사회주의기업으로 하여금 소비자의 욕구를 등한시하는 결과를 가져왔다.

물론 이와 같이 공급자 입장에서의 가격체계는 노동만이 제품의 가치를 결정시켜준다는 노동가치론에서 비롯되었다는 것은 이미 설명하였다. 이와 같이 노동가치론과 집중적 의사결정의 원칙 하에 하나의 제품에 대한 근로자의 노동시간을 기준으로 집중적으로 의사결정하여 제품가격을 국가고시가격으로 책정하게 되었던 것이다. 이러한 제품가격 결정에 소비자의 욕구는 전혀 고려의 대상이 될 수 없는 것은 당연하다.

시장조사와 광고 ☞

또한 소비자의 만족을 위한 제품을 생산하기 위해 시장조사와 광고를 한다고 하지만 시장조사와 광고의 실시에 대한 의사결정 또한 국가계획기관에서 일률적으로 이루어진다. 그리하여 소비자취향에 맞는 조사가 자본주의기업에서와 같이 다방면에서 그리고 적시에 이루어지지 아니하여, 제품의 다양성 및 제품질의 향상은 거의 이루어지지 아니한다. 이뿐만 아니라 혁신적 소비재에 대해 소위 사치품이라는 등급이 매겨져 부가가치가 많은 신제품개발에 대한 의사결정에 대한 의지는 더욱 더 약해진다.

실제의 소비자욕구는 국가기관을 통해 충분히 파악할 수 있고 그것에 의해 만들어진 국가계획생산량에 의해 소비자의 실제욕구를 충분히 만족시킬 수 있다고 생각하였기 때문에 시장조사도 각각의 기업이 스스로 하지 아니하고 집중적인 의사결정체계에 따라 주로 국가기관에서 통일적으로 이를 담당하였다. 자본주의기업이 기업차원에서 시장조사를 하는 것에 대하여 사회주의국가는 소비자의 현시적 욕구 및 잠재적 욕구를 찾아내고 개발하는 것이 아니라 소비자에게는 있지도 아니한 허상의 욕구를 조작하고 있다고 비판하고 있는데 사회주의국가의 집중적인 시장조사는 이러한 비판의 결과라고 할 수 있다.

이와 같이 사회주의국가에서도 최대의 소비자만족을 위해 기업활동을 한다고 이론적으로는 강조하였지만, 전국 각지에 흩어져 있는 소비자의 다양한 욕구수준을 몇 개의 국가기관에서 파악한다는 것은 현실적으로 거의 불가능하였다. 그만큼 집중적 시장조사는 각 기업이 스스로 하는 자본주의기업의 시장조사에 비해 상대적으로 다양한 소비자욕구를 정확히 파악하지 못하였다.

또한 정부기관의 시장조사에 따라 제품생산을 하는 기업으로서는 그만큼 시대에 따라 변하는 소비자의 욕구수준에 맞는 신제품개발에 대해 무관심할 수밖에 없었는데, 이러한 신제품개발에 대한 무관심은 사회주의기업의 생산력을 증대시키지 못하고 계속 정체시키는 비효율성을 초래하였다.

광고에 대해서 사회주의국가는 소비자에게 있지도 아니한 허상의 욕구를 조작하는 행위라고 비판하였다. 자본주의기업은 광고를 통해 소비자를 현혹할 뿐이라는 것이다. 국가가 집중적인 광고를 통해 제품에 대한 설명을 한다면 충분히 소비자에게 제품이나 기업에 대한 정보를 전달할 수 있다고 생각하여 기업의 광고를 가능한 못하게 하였다. 게다가 자극적이거나 선정적인 광고는 국가기관에서 엄격히 금지하였다.

이와 같이 집중적 의사결정체계는 국가의 기업통제의 수단이 되어 각 기업경영자의 의사결정권은 그만큼 제한되는 비효율성을 가져 왔다. 국가전체의 기업 스스로가 다양한 소비자의 욕구에 대한 시장조사 및 광고를 하지 못하고 또한 제품생산이나 가격형성에서 소비자의 욕구가 포함되지 못하여 그만큼 소비자의 불만을 가져오게 하였다.

의사결정권 ☞

한 가지 주의하여야 할 것은 이윤이나 판매액의 개념을 가지지 아니한 생산량의 개념에서도 기업의 혁신은 존재한다는 점인데 이는 자본주의와 같은 품질혁신이 아니라 품질은 그대로 두고 생산량 증대방법을 추구하는 혁신을 말한다. 즉 사회주의기업은 제품의 질적 향상을 위한 혁신의지는 부족했지만 생산량증대에 대한 혁신의지는 높다. 물론

기업의 혁신 ☞

생산량 증대방법 ☞

국가계획이 정해준 제품의 종류, 품질, 목표생산량은 전략적 의사결정이나 목표생산량에 대해 기업이 달성 및 초과달성을 하려는 의사결정은 관리적 의사결정인 것이다. 그리하여 사회주의기업은 국가계획에 의한 생산량지표를 달성하려는 것은 물론 생산량지표의 초과달성을 위한 의지는 매우 컸다고 볼 수 있다.

그러나 많은 기업에서는 품질은 고려하지 아니한 채 생산량지표의 초과달성을 위한 의지만 앞세우는 경우가 많아 오히려 기업의 비효율성을 초래하는 경우가 많았다. 게다가 근로자는 제품생산비용을 줄이려고 노력하지 아니하고 종신고용된 상태에서 제품생산시간만을 늘이려고 하는 경우가 많았기 때문에 상당히 많은 기업에서 불량품질의 제품을 생산하는데 대한 임금지급액의 향상만 가져오는 기업운영의 비효율성이 발생하였다.

기업전체의 위기 ☞

이와 같은 비효율성이 상당수의 기업에서 발생하는 것에 대해 국가기관은 제도적 오류로 인한 기업전체의 위기라 단정 짓고, 이를 극복하기 위해 기업개혁제도를 실시하였다. 즉 의사결정 주체의 차이는 위기극복의 주체에서도 다르게 나타났던 것이다. 자본주의적 시장경제체제 하에서는 위기극복을 위한 의사결정 주체가 민간인이 되나 사회주의적 계획경제체제 하에서는 위기극복을 위한 의사결정 주체가 국가기관이 된다.

국가적 위기극복 ☞

사회주의적 계획경제체제에서는 기업의 주인도 국가이고 기업경영도 국가기관에서 선출된 경영자가 국가계획에 의해 이루어지기 때문에 기업을 위기상황에서의 의사결정 주체가 국가가 되는 것은 당연하며, 위기극복방식은 거시적으로 기업개혁제도나 국가계획을 바꾸는 국가적 위기극복이다. 이에 비해 자본주의기업위기에 대한 위기극복방안은 미시적으로 기업의 조직구조나 경영과정 등을 바꿈으로써 일어난다.

이와 같이 위기극복에 대한 의사결정 주체가 다르게 나타나는 이유는 기업이 국가에 속하느냐 민간인에게 속하느냐 하는 소유권의 문제에도 관련이 있지만, 경제체제의 차이로 인해 기업위기의 원인이 다르게 나타나기 때문이다. 즉 자본주의적 시장경제에서의 기업위기는 전적으로 시장환경과 기업경영의 관계에서 발생하는데 이 체제하에서는 기업이 소비자의 욕구를 제대로 반영하지 못하거나 생산요소의 공헌도를 정확히 파악하지 못하거나 그러한 기업환경에서의 의사결정을 제대로 못하게 되면 그 기업은 경쟁시장에서 존립하지 못하는 위기를 맞게 된다.

이와 같이 시장경제체제에서는 기업위기가 시장환경과의 개별적 관계 속에서 나타난다. 이에 반해 사회주의적 계획경제에서의 기업위기는 경제환경과 국가계획 그리고 기업의 관계에서 일어난다. 그러하기 때문에 기업위기는 기업 개별적으로 발생하는 것이 아니라 국가기업전체에서 거의 동시에 그리고 동일하게 발생하는 것은 당연하다.

3.2 국가집중적 의사결정

사회주의적 계획경제체제에서의 국가집중적 의사결정이란 국가가 기업의 존립을 보장하는 상태에서 국가중심의 집중적인 의사결정으로 만들어진 국가계획에 따라 기업을 경영한다는 것을 뜻하며 이는 자본주의기업이 자율적인 의사결정으로 기업을 경영하는 국가독립적인 기업경영과 전혀 반대되는 기업경영방식이다. 사회주의적 계획경제체제에서는 모든 기업이 국가에 소유되어 있고 모든 기업활동이 국가계획에 의해 조정되기 때문에 결국 사회주의기업의 존립은 국가에 이해 보장되고 기업의 경영은 국가의 집중적인 의사결정을 따르게 되었다.

기업의 계속적인 존립이 보장된 상태에서 기업의 국가에 의한 집중적인 경영은 앞에서 국가기금을 설명하면서도 말하였듯이 국가전체의 필요성과 국가기금의 자금사정에 따라 기업설립의 결정에서부터 시작된다고 볼 수 있다. 기업의 설립 당시 생산제품의 종류 및 생산시설의 규모 등은 국가계획에 의해 집중적으로 정하여지는 것이다. 기업설립 및 기업운영에 대한 국가기금의 사용도 국가계획에 의해 국가의 집중적인 의사결정으로 이루어지는 것이다.

기업설립의 결정 ☞

국가기금의 사용 ☞

이러한 상태에서 국가계획이 가장 신경을 쓰는 것은 국가는 전국민의 최저생활을 보장하고 노동가능한 전국민이 직업을 가질 수 있도록 기업의 계속적인 존립을 보장하고 기업 종업원의 종신고용이 될 수 있도록 국가기금을 운영하는 것이다. 이와 함께 취업이 불가능한 아동, 노인 및 불구자에 대해서도 최저의 생활을 보장하도록 국가기금을 운영하는 것이다. 이와 같이 사회주의적 계획경제체제는 주택, 의료, 교육, 실업자구제 및 연금 등의 평등한 경제적 혜택이 국가 구성원 모두에게 주어지고 기업존립의 안전성 및 종업원의 종신고용을 보장함으로써 전국민에 대해 가능한 한 평등한 대우를 하고자 한다. 이는 사기업의 자율적 경영으로 인한 창조성 및 생산성향상을 추구하지만 부의 불평등으로 인해 절대빈곤층이 상당히 발생하는 자본주의적 시장경제체제와 다른 점이다.

사회주의적 계획경제체제에서 주택, 의료, 교육, 실업자구제 및 연금 등에 대한 재원은 국가전체의 차원에서 국가재정에의 납세로 이루어지기도 하며, 또한 기업차원에서 사내유보기금으로 만들어지기도 한다. 국가재정에서 만들어진 재원은 국가차원에서 전국민에 대한 최저생활보장이라는 차원에서 이루어지며 사내유보기금에 의한 재원은 기업 내 노동자의 근무의욕을 고취하기 위한 기업의 전략차원에서 이루어지는 것이다.

또한 효율성이 떨어지는 사회주의기업의 존립을 위한 재원은 주로 생산기금에서 만들어진다. 하나의 기업에서 국가계획에서 정한 목표량 이상을 생산하여 발생된 그 기업의 총이윤에서 납세와 사내유보기금을 제외한 나머지는 생산기금부과금이 되는데, 생산기금부과금의 국가적 총합이 생산기금으로서 생산기금은 이윤을 발생시키지 아니하는 기업에게도 나누어지기 때문이다. 물론 이윤을 남긴 기업이나 손해를 본 기업에게 같은 액수의 생산기금이 할당되지는 것은 아니고 이윤이 많이 발생한 기업에 대해 더 많은 생산기금이 할당되는 것은 당연하다. 그렇지만 손해를 본 기업에 대해서도 생산기금에서는 그 손해부분을 상당히 보전하여 지급된다.

사회주의기업에서 종업원의 종신고용을 보장한다는 것은, 모든 국민에 대해 직업을 가지게 하고 모든 종업원에 대해 종신고용을 하도록 하는 정책을 말한다. 모든 종업원에 대한 임금은 이윤처리 전의 비용의 성격을 가지기 때문에 이의 재원은 물론 생산기금이다.

이와 같이 국가가 전체기업에 대해 중앙집중적으로 의사결정한다는 것은 국가 내에 있는 기업에만 해당되는 것은 아니다. 국가의 중앙집중적 의사결정은 소비자의 의사결정에도 영향을 미치는데 이는 소비자의 민간적 자본축적을 금지하는 가운데 제품에 대한 국가고시가격으로 간접적인 소비자의 의사결정을 통제한다. 간접적으로 통제한다는 말은 사회주의적 계획경제체제에서도 투기적 목적의 화폐보유를 금지할 뿐 소비자는 국가가 통제하는 자신의 임금수준이 허용하는 한에서 소비제품을 사는 것에 대해서는 거의 완전한 자유이기 때문에 소비자의 구매의지에 대해서는 국가가 기업처럼 직접적으로 통제할 수 없다는 것을 뜻한다. 사회주의적 계획경제체제에서는 생산수단 즉 기업만 국가가 소유하지 일반소비제품의 소유권자는 물론 개인이며, 이의 구입도 개인의 자유의사결정에 따른다(〈그림 21〉 참조).

사회주의적 계획경제체제가 전체국민에 대해 최저의 기본적인 생활을 보장하고 전체기업에 대해 계속적인 기업유지의 보장을 함으로써 전국민에 대해 가능한 한 평등한 대우를 하고자 하는 것은 자본주의적 시장경제체제가 가지는 사적 자본의 축적으로 인한 부의 불평등현상을 극복하고자 하는 데에서 발생하였다. 이는 한마디로 자본주의적 시장경제체제에서는 기업소유자나 기퇴직 후의 생활이 보장되는 기업단위의 보장인데 비해 업종업원 및 그들 가족에 대해서만 교육, 의료, 주택 및 사회주의적 계획경제체제에서는 국가

기업단위의 보장 ☞

국가단위의 보장 ☞ 구성원 모두에 대해 국가단위의 보장을 한 것과 다름없다. 이는 결국 기업의 소유에 있어서도 기업단위냐 또는 국가단위냐 하는 것에서 귀결된 현상이다.

〈그림 21〉 사회주의적 의사결정

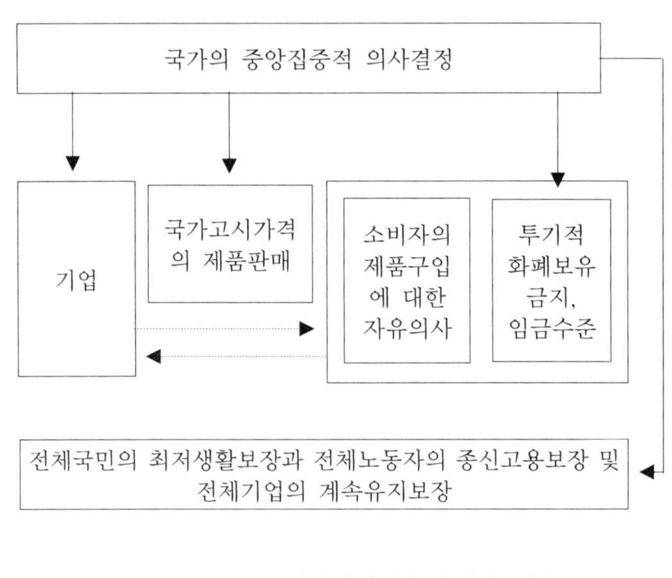

자본주의적 시장경제체제에서는 기업단위의 입장에서 보아 종업원에 대한 기업으로부터의 퇴출이 가능한 상태에서 남아있는 종업원과 그 가족에 대해서만 교육, 의료, 주택 및 퇴직 후의 생활을 보장되는데 비해 사회주의적 계획경제체제에서는 국가단위의 입장에서 보기 때문에 국민에 대한 국가로부터의 퇴출이 불가능한 상태에서 전국민의 교육, 의료, 주택 및 퇴직 후의 생활을 보장하는 것이다. 사회주의적 계획경제체제의 중앙집중적 의사결정구도를 그린 앞의 〈그림 21〉의 구도를 이용하여, 이러한 자본주의적 시장경제체제의 분산적 의사결정구도를 그리면 〈그림 22〉와 같이 된다.

〈그림 22〉 자본주의적 의사결정

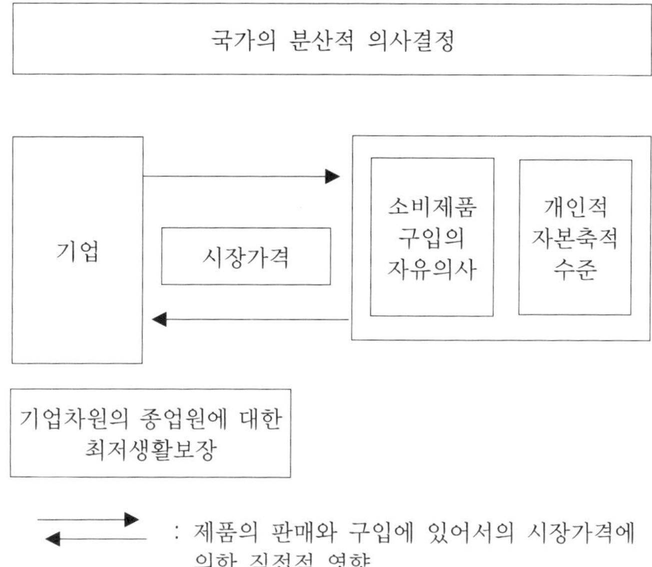

이러한 의사결정구도의 차이는 자본주의적 시장경제체제에서 기업의 효율성이란 원칙으로 나타났고, 사회주의적 계획경제체제에서는 전국민의 평등이라는 원칙으로 나타났던 것이다. 기업단위의 자본주의적 시장경제체제에서는 기업으로부터의 전출·입이 자유롭고 퇴출된 종업원은 창업이나 타기업에로의 전직이 자유롭다. 이에 비해 국가로부터의 퇴출을 생각조차 할 수 없는 국가단위의 사회주의적 계획경제체제에서도 기업으로부터의 진출·입 및 퇴출은 제한적이나마 가능한데 이를 국가단위의 관점에서 국가가 국가계획에 의해 집중적으로 결정하고 이들의 최저생활은 국가가 보장하여 준다는 것이 다를 뿐이다.

기업의 효율성 ☞
전국민의 평등 ☞

사회주의적 계획경제체제에서는 기업단위의 효율성제고보다 국가차원에서 전국민에 대하여 평등한 대우를 한다는 원칙을 우선한 결과 이윤을 남기기 위한 최적인원을 고용한다는 원칙보다는 모든 노동자가 기업에 고용된 상태에서 퇴직연령이 될 때까지 종신고용되어야 한다는 원칙을 세웠던 것이다. 이러한 결과 모든 사회주의기업에서는 과잉고용상태가 발생하였으며, 그로 인해 기업 내에서는 태만한 근무 분위기가 자연히 만연하는 비효율성이 발생하였다.

사회주의기업에서 일어나는 노동자의 태만성은 노동자의 임금에 있어서도 그 원인이 있었는데, 노동의 질 및 생산성을 기준으로 하지 아니한 채 거의 동등한 수준의 봉급을 지급하였던 것이다. 물론 앞에서 말한 노동가치론의 전제가 노동의 질적 차이를 제거한 추상적 노동이기 때문에 교육연수와 경력연수만 제거된다면 노동의 종류에 따른 질적 차이는 근본적으로 없는 것이며, 동일한 교육연수와 경력연수의 노동자는 동등한 임금을 받는 것이 당연하다.

국가단위의 입장에서 전국민의 최저생활은 국가가 보장하여 주며 기업의 종업원 채용에 대해서도 국가계획에 의해 집중적으로 결정한다는 사회주의적 계획경제체제에서 기업의 주관심대상이 국가계획에 의한 목표생산량의 달성이 되는 것은 당연한 이치이다. 집중적 의사결정체계에서 국가와 기업간의 관계는 명령복종 관계이기 때문이다.

기업이란 독립적 의사결정기관이 아니라 중앙계획기관의 의사결정에 의해 국가전체의 계획목표량의 일부를 담당하는 계획경제를 집행하는 한 부분에 지나지 않았다. 즉 사회주의기업이란 중앙집권적 의사결정체계에 있어서의 시스템구성원에 불과하였다. 그러한 사회주의기업은 계획목표의 생산량을 (초과)달성만 하면 기업존립이 국가로부터 보장되고 기업운영자금이 국가기금으로부터 충당되기 때문에 자본주의기업과 같이 기업이미지 제고를 위한 노력이나 소비자에

시스템구성원 ☞

게 제품을 판매하는데 대한 서비스노력을 하지 않았으며, 그리하여 제품의 질은 상대적으로 저하될 수밖에 없었다.

사업부제의 단위 ☞

그리하여 국가전체의 집중적인 의사결정체제에서의 기업이란 어찌 보면 국가라는 사업부제를 실시하는 조직 내에 있는 사업부제의 단위에 불과한 존재로 볼 수 있다. 즉 국가기관이 제품종류 및 생산량의 문제를 결정하여 국가계획을 세우고, 국가란 큰 조직에서 사업부제의 한 단위로서의 기업은 국가계획지표에 의한 목표를 달성하기만 하면 되었던 것이다.

3.3 사회주의적 소유와 경영의 분리

국가기금을 매체로 하여 소유는 국가가 하고 경영은 경영자가 하는 사회주의기업에서는 소유와 경영의 분리가 자본주의기업의 경우와 다른 형태로 일어나고 있는데, 이러한 사회주의적 소유와 경영의 분리로 말미암아 사회주의기업의 경영자의 경영의 폭이 다음과 같이 제한될 수밖에 없다. 즉, 사회주의기업은 국가에 소유된 상태에서 기업의 존립과 관계되는 전략적 의사결정사항의 계획과 통제는 국가가 국가계획을 통하여 실시한다. 전략적 의사결정의 또 하나의 사항인 제품과 시장에 관련되는 의사결정 또한 국가의 의사결정 사항에 속한다.

생산기금관련 ☞

이리하여 자본주의기업 경영자의 의사결정대상인 기업의 신규투자결정, 생산제품의 종류와 시장범위의 설정, 신제품개발 및 신규시장개척 등에 대해 사회주의기업의 경영자는 관여하지 않게 되었다. 국가기금과 관련하여 볼 때 이러한 것들은 국가의 생산기금관련 의사결정사항이다. 국가는 생산기금을 이용하여 신규투자결정, 생산제품의 종류와 시장범위의 설정, 신제품개발 및 신규시장개척 등에 대한 의사결정을 한다.

사내유보기금관련 ☞

사회주의 기업경영자의 업무는 전략적 의사결정사항의 실행과 관리적, 업무적 의사결정사항의 계획, 실행, 통제이다. 기업내부자원의 구조와 관련되는 관리적 의사결정사항은 주로 사내유보기금관련 사항이다. 사내유보기금으로는 기업의 조직정비문제 및 직원의 채용을 비롯한 인사문제 등을 처리할 수 있으나 이의 처리에는 국가기관의 동의를 얻어야 한다. 경영자의 역할 중에는 일상적으로 반복되는 업무처리와 관련된 업무적 의사결정사항이 많아 사회주의기업의 경영자는 노동자집단의 팀장으로서의 성격을 갖는다는 것은 자명하다.

그러나 경영자가 기업에 할당된 생산기금에서 국가계획의 지표에 따라 생산량목표를 달성하는 데에 있어서 경영자의 능력에 따라 목표달성수준은 상당한 차이가 있는 것이다. 국가차원의 연구개발에 따른 매년마다의 생산량목표는 상향조정되는데, 생산량목표의 달성 및 초과달성에 따라 기업에게 적립되는 사내유보기금이나 및 기업구성원에게 주어지는 훈장이나 보너스의 수준이 달라진다. 이를 미달할 시 기업에게는 국가기금으로의 지원이 있더라도 경영자 자신의 신분에 불이익을 가져온다.

목표달성수준 ☞

이러한 경영성과에 대한 차이로 말미암아 경영자는 자신의 능력을 최대한 발휘해야 하는데, 이는 전략적 의사결정사항에 대해서는 실행만 하고 관리적, 업무적 의사결정사항에서만 계획, 실행 및 통제를 하는 사회주의기업의 경영자라 할지라도 그만큼의 자율적 의사결정영역이 있다는 것을 말한다. 이것이 사회주의적 기업의 소유자인 국가로부터 분리된 경영자의 독자적 경영영역이며, 여기서 사회주의적 소유와 경영의 분리가 일어나는 것이다.

독자적 경영영역 ☞

요컨대, 국가의 집중적인 의사결정이라는 큰 틀에서도 사회주의기업의 경영자는 사내유보기금과 국가계획에서 할당되어진 생산기금을 이용하여 전략적 의사결정사항의 실행과 관리적 및 업무적 의사결정사항에 대해 계획하고 집행하며 통제할 수 있는데, 이를 사회주의적 소유와 경영의 분리라고 하는 것이다(〈그림 23〉 참조).

〈그림 23〉 사회주의적 소유와 경영의 분리

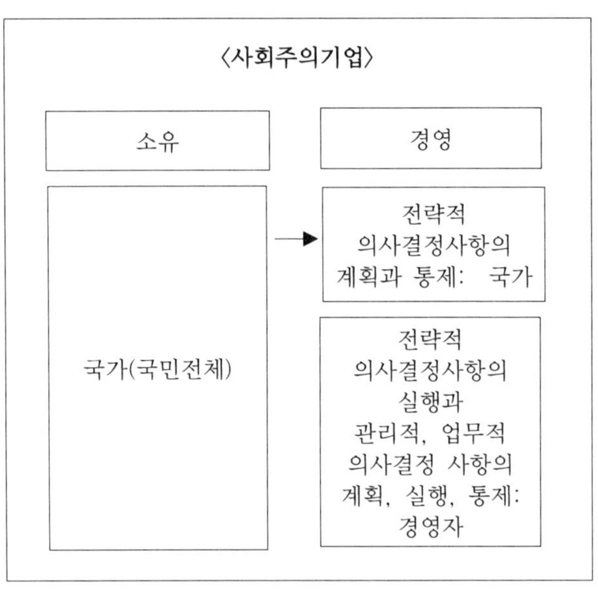

이에 비해 민간개인이나 민간조직이 소유하는 자본주의기업에서는 경영자가 전략적, 관리적 및 업무적 의사결정사항에 대해 계획하고 집행하며 통제를 한다. 단지 일인기업과 같이 소유자가 경영도 하는 소유경영의 기업의 경우에는 소유자와 경영자가 동일인이고, 주식회사와 같이 소유자는 소유만 하고 경영자는 경영을 하는 전문경영의 기업의 경우에는 소유자와 경영자가 분리되어 있을 뿐이다. 그리하여 자본주의적 시장경제체제에에서는 소유와 경영의 분리가 일어나는 기업과 일어나지 아니하는 기업이 병존한다.

소유경영의 기업 ☞

전문경영의 기업 ☞

두 경우 모두에 있어서 기업소유의 주체는 민간소유자이며 기업경영의 주체는 기업의사결정의 모든 부분, 즉 전략적, 관리적, 업무적 의사결정사항에 대한 계획, 실행, 통제를 담당하는 경영자가 된다는 것은 동일하게 적용된다(〈그림 24〉 참조).

〈그림 24〉 자본주의적 소유와 경영의 분리

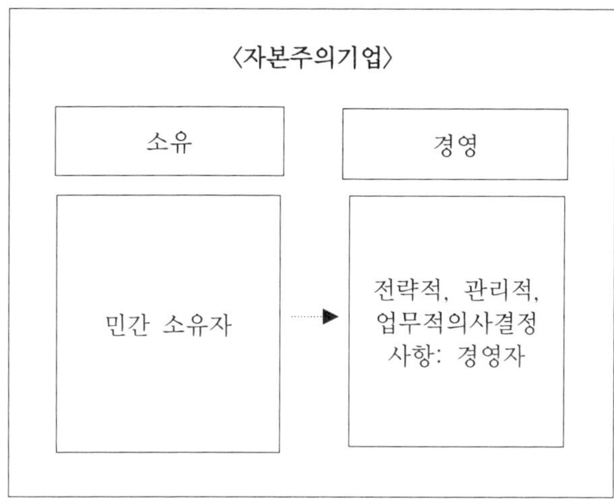

: 자본주의적 소유와 경영의 분리는 전문경영일 때에만 존재함.

3.4 제조기업과 유통기업의 관계

사업부의 구성단위 ☞
유통시스템리더 ☞

국가의 중앙집중적 의사결정으로 인해 모든 사회주의기업은 국가라는 조직에서 사업부 단위에 불과하다고 하였지만, 제조기업과 유통기업의 관계에서는 기업의 국가조직에 대한 사업부제로서의 성격이 독특한 형태로 나타난다. 제조기업과 그 기업에서 생산한 제품을 변형하지 아니하고 소비자에게 전달하는 기업이 유통기업이다. 제조기업과 유통기업은 각각 독립적인 기업이지만 유통기업은 제조기업에서 생산한 제품을 변형시키지 아니하고 취급한다는 점에서 어떠한 제품에 대한 제조기업과 유통기업의 관계는 유통시스템이란 단어로 표현되기도 한다.

유통시스템 ☞
조직적 결합도 ☞
국가경제시스템 ☞

자본주의적 시장경제체제에서는 국가로부터 독립된 민간기업의 생산제품은 국가가 아닌 민간기업에 소유되기 때문에 하나의 생산제품에 대한 유통시스템의 관계는 국가 내 각각의 제품을 생산하는 기업을 총괄하는 국가경제시스템보다 조직적 결합도가 매우 강하다. 이에 비해 사회주의 제조기업과 유통기업은 기업자체가 국가에 소유되고 그들이 모두 국가의 집중적인 경영체제에 의해 조절되기 때문에 국가경제시스템과의 관계가 생산제품에 대한 유통시스템과의 관계보다 오히려 더 강하다.

또한 자본주의 제조기업은 자체생산제품에 대한 유통시스템 내에서 그 규모가 타 유통기업보다 상대적으로 클 때는 제품의 질, 기술적·재무적 지원 및 기업이미지 등을 근거로 자신의 제품을 판매하는 모든 유통기업에 대해 책정가격의 폭, 제품 진열상태 및 광고 등에 대해 간섭하는 유통시스템

리더의 역할을 하게 되는 것이 일반적이다. 이에 비해 사회주의의 모든 기업은 국가에 귀속되고 그들이 모두 국가의 집중적인 경영체제에 의해 조절되었기 때문에 유통기업에 비해 상대적으로 큰 제조기업일지라도 유통시스템 내에서의 리더가 되려고 하지도 않고 또 될 수도 없다. 이와 같이 사회주의적 계획경제체제 내에 있는 제조기업이나 유통기업은 모두 국가라는 사업부제 조직에서 국가의 집중적 의사결정에 따라 움직이는 하나의 사업부의 구성단위에 불과한 것이다.

국가계획의 실현 ☞

여기서 사회주의적 계획경제체제에서는 국가차원의 시장조사에 의거하여 제조기업이 생산한 제품에 대해 유통기업은 국가의 집중적 의사결정에 따라 정해진 제조기업으로부터 정해진 양을 전달받아 소비자에게 판매하기 때문에 사회주의적 유통시스템이란 어찌 보면 국가계획의 실현하는 성격을 가진다.

이는 제조기업차원의 시장조사에 의하여 생산된 제품에 대해 유통기업은 제조기업과의 관계 속에서 자신이 판단하기에 가장 이익을 남길 수 있다고 생각되는 제품을 구매하여 자신이 판단하기에 가장 이익을 남길 수 있다고 생삭뇌는 방법으로 소비자에게 판매하는 자본주의적 유통시스템의 성격과 전혀 다른 것이다. 유통기업이 규모가 큰 제조기업의 기술적·재무적 지원과 기업이미시의 혜택을 받는 상대에서 유통시스템 내 리더역할을 인정하는 것도 이것이 유통기업의 입장에서 가장 기업의 이익이 많은 방법이라고 생각하기 때문이다. 물론 제조기업도 수많은 유통기업을 관리하는 데는 그 방법이 가장 수익성이 높다고 판단하기 때문이다.

기업의 이익 ☞

한마디로 자본주의적 유통시스템에서의 제조기업과 유통기업은 국가로부터 독립되어 자신의 의사결정에 따라 유통시스템 내에서의 관계를 유지하는데 비해, 사회주의적 유통시스템에서의 제조기업과 유통기업은 국가의 집중적인 의사결정에 따라 유통시스템 내에서의 관계를 유지하기 때문에, 자본주의적 유통의 성격과 다른 분배의 성격을 갖는 것이다(〈그림 25〉, 〈그림 26〉 참조).

〈그림 25〉 사회주의적 제조기업과 유통기업의 관계

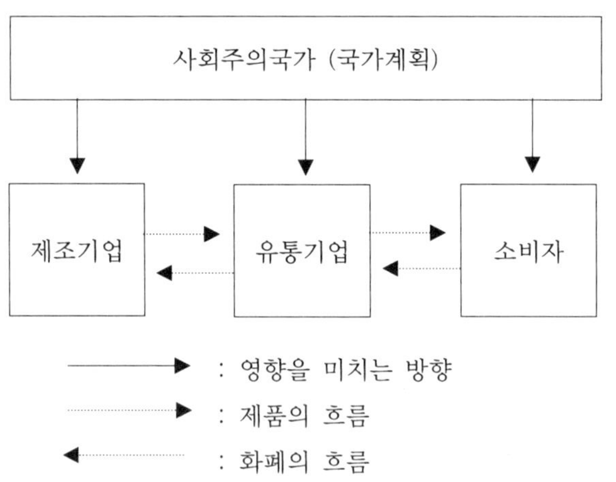

〈그림 26〉 자본주의적 제조기업과 유통기업의 관계

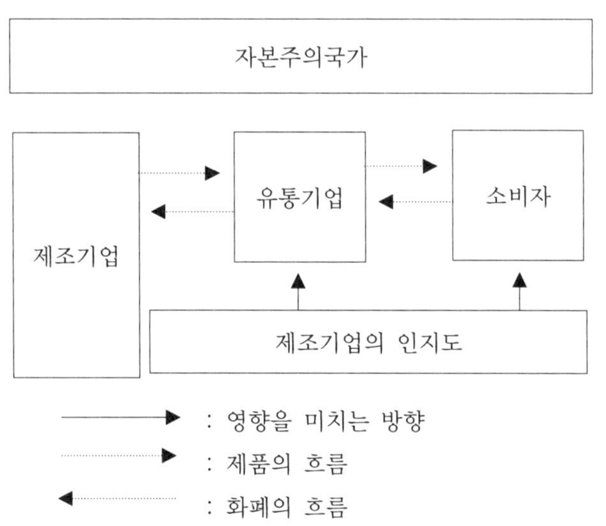

이와 같이 사회주의적 계획경제체제의 유통시스템이 집중적 의사결정에 따른 분배라는 성격을 갖는 이유도 사회주의적 계획경제체제가 자본주의적 시장경제체제의 유통개념에 대해 독점기업인 거대제조기업의 확산을 위하여 이론적으로 뒷받침하는데 불과하다고 비판하면서, 이러한 자본주의적 문제점을 막기 위해서는 국가의 집중적인 조정이 필요하다는 데에서 생겨났다. 왜냐하면, 자본주의적 시장경제체제 내에서 제조기업이 유통기관을 소유하는 수직적 결합인 경우는 물론이거니와 일반적인 유통시스템 내에서도 제조기업의 기술적·재무적 지원 및 기업·제품이미지를 통하여 유통시스템전체를 지배하는 경우가 일반적이기 때문이다.

그리하여 시장경제는 결국 독점자본을 형성한다는 자본주의적 유통시스템의 문제점을 비판하여 생겨난 사회주의적 유통시스템에서는 국가의 집중적 의사결정에 따라 정해진 제조기업으로부터 정해진 종류의 제품에 대해 정해진 양만큼 전달받아 소비자에게 판매한다는 분배의 성격을 가지는 유통시스템이 옳다고 주장한다.

이러한 사회주의적 계획경제체제에서의 제조기업과 유통기업의 관계는 자본주의적 시장경제체제에서와 같이 국가로부터 독립된 단위들 간의 자신의 이익을 위한 계약 하에서 이루어지는 계약적 유통개념은 없고, 국가차원의 단위인 중앙행정기관의 조사에 근거하는 국가계획의 분배적 유통개념만 있었다. 이런 면에서 도·소매업을 담당하는 유통기업은 유통시스템에서 그리 중요하지 않고, 다만 중앙정부의 도·소매업 담당관서가 계획경제적 유통에서 유통기업보다 더 중요한 역할을 하였다. 이러한 국가계획에 의한 중앙정부부서의 통제로 인해 실제적 면에서의 암시장의 존재에도 불구하고 형식적인 유통질서는 유지할 수 있었다.

계약적 유통개념 ☞

분배적 유통개념 ☞

3.5 연관기업 간의 관계

자본주의적 시장경제체제에서는 제조기업이나 유통기업이나 같은 산업 내에 있는 기업들은 서로 경쟁기업의 관계가 된다. 그리고 이러한 경쟁기업의 존립이 국가차원에서 볼 때 기업설립의 자유로 인해 같은 생산시설의 중첩성과 타기업의 도산을 초래하지만, 자본주의적 시장경제체제의 효율성을 높이는 원동력이 된다.

자본주의적 시장경제체제에서의 경쟁기업이란 어떠한 기업에 대해 동일제품을 생산하는 기업은 물론, 같은 용도의 대체제품을 생산하는 기업도 포함하며, 어찌 보면 자신의 자회사나 자신기업의 하청기업이 아닌 기업은 모두 경쟁기업이 될 수 있다. 왜냐하면, 기업제품을 사려는 소비자의 축적된 재산은 제한되어 있는 상태에서 자신의 생산제품과 용도가 전혀 다른 제품을 구입하더라도 그러한 제품을 구입하게 되면, 그만큼 자신의 생산제품을 구매할 축적자본의 여유를 빼앗기 때문이다.

그러나 기업의 생산량을 중시하는 사회주의적 계획경제체제의 이론에서는 이러한 소비자에 대한 판매개념으로 인해 발생하는 경쟁기업이란 사회주의기업에게 존재하지 아니한다. 국가계획이 국가의 전체생산량을 계산하고 유통경로도 정해주기 때문에 기업은 국가계획이 정해준 목표생산량을 달성 내지는 초과달성만 하면 된다. 제조기업은 더 많이 생산하여 다음해에 생산기금에서 더 많은 액수를 할당받고 사내유보기금의 액수를 늘이면 되는 것이다.

경쟁기업 ☞

구태여 사회주의적 계획경제체제에서의 경쟁기업을 든다면, 자신의 기업보다 더 생산을 많이 하여 전체의 생산량 서열순위가 자신의 기업보다 더 높아 훈장 내지 표창을 더 받는 기업이 경쟁기업이 될 수 있을 것이다. 자신의 생산량보다 더 많이 생산한 기업이 자신의 생산기금 할당액수나 사내유보기금 액수에 영향을 아니 미치는 이유는 그 경쟁기업이 생산한 만큼의 생산기금이 늘어 그 기업에게만 더 많이 생산기금이 더 할당되고, 그 기업에게만 사내유보기금이 더 많이 적립되기 때문이다.

협력기업 ☞

요컨대 사회주의적 계획경제체제에서는 자신의 기업에게는 모든 기업이 협력기업이 될 뿐 자본주의적 시장경제체제 입장에서의 경쟁기업은 존재하지 아니한다. 이는 사회주의적 계획경제체제의 목적인 평등이념과 같은 맥락에서 볼 수 있는 기업간의 관계이다. 모든 기업은 공동으로 사회주의발전을 위해 제품생산을 하며, 국가차원에서 가장 효율적인 생산을 위해 국가계획이 각 기업에게 제품의 종류와 생산량을 정해준다는 것이다.

유기적 연합 ☞

사회주의적 계획경제체제에서는 관련기업간의 유기적 연합을 하여 규모의 경제를 통한 효율성 증대를 꾀하며, 이러한 기업의 유기적 연합은 그 산업구조의 특성에 따라 수직적 연합과 수평적 연합을 하였다. 이는 물론 국가의 집중적 의사결정에 따라 국가차원에서 가장 효율성이 있는 기업간의 연합을 위해 가장 효율성이 있다고 판단되는 지역에 기업을 설립하였기 때문에 기업개혁을 통하여 생산량목표에서 판매액 목표로 바뀌었다 하더라도 이러한 기업연합은 가능하였던 것이다. 기업간의 연합은 더 크게는 산업간의 연합으로 발전하였으며, 이 외에도 특수전문제품의 생산을 위한 전문생산기업의 연합도 이루어졌다.

이와 같이 제품의 성격을 고려하여 국가차원에서 기업설립 시부터 기업연합 및 산업연합을 이루는 경우도 있으나 기업이 설립된 후 지역적으로 가까이 있는 기업끼리도 지역적 기업연합을 이루어 지역에의 적응과 물류비용의 절감을 꾀하기도 하였다.

경쟁의 도태과정 ☞

사전적 조정 ☞

기업간의 관계라는 측면을 볼 때에도 자본주의적 시장경제체제에서는 각 개인의 자유의사로 설립된 기업들이 시장에서 경쟁의 도태과정을 통해 사후적으로 기업차원 및 국가차원의 효율성이 발생하게 된 반면, 사회주의적 계획경제체제에서는 기업설립 시부터 국가계획에 의한 사전적 조정을 통해 기업차원 및 국가차원의 효율성이 발생되었던 것이다(〈그림 27〉, 〈그림 28〉 참조).

〈그림 27〉 사회주의적 기업관계

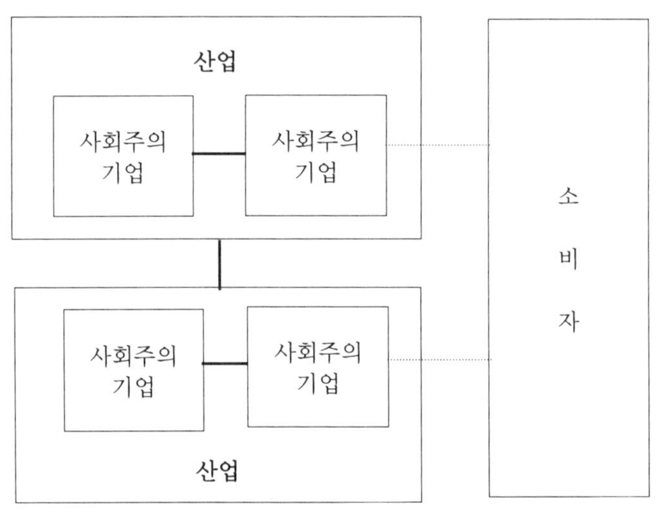

〈그림 28〉 자본주의적 기업관계

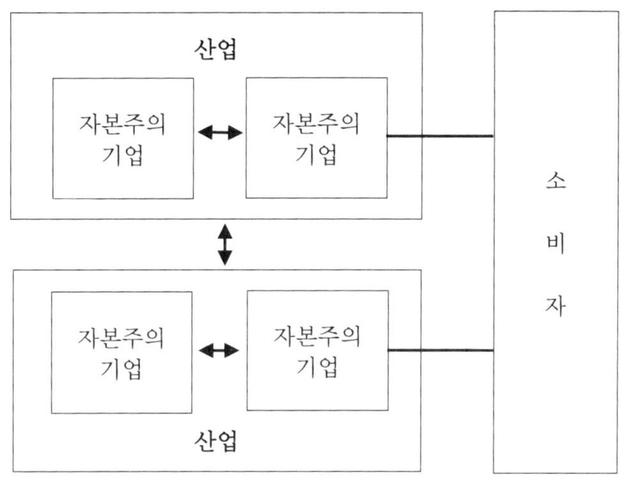

물론 이러한 국가차원에서의 획일적 조정은 누차 앞에서 누차 설명하였듯이 제품의 품질 및 다양성 등의 부족으로 인해 양 체제간의 교류가 자유로워지자마자 사회주의국가가 붕괴하는 근본원인이 되었다. 사회주의기업은 소비자를 무시한 채 제품생산을 하였기 때문에 사회주의국가 내 소비자의 총합체인 전체국민은 사회주의기업 및 기업간의 유기적 관계로 생산된 제품에 등을 돌렸던 것이며, 이는 결국 사회주의적 계획경제체제의 붕괴를 가져온 것이다.

3.6 사회주의기업의 의사결정에 대한 장단점

3.6.1 장점

사회주의국가에서는 국가의 집중적인 의사결정으로 인해 국민전체에 대한 평등주의, 즉 국민전체에 대한 최저생활을 보장하는 상태에서의 단위노동시간당 동일한 임금을 지급할 수 있는 것이다. 그러면서도 단위기업에 있어서는 기업생산량에 따른 차등을 두었기 때문에 단위기업 당 생산량 증대를 위한 동기부여도 할 수 있다.

또한 사회주의기업이 국가차원의 집중적 경영에서 하나의 사업부로서의 성격을 가지는 관계로 국가전체로 볼 때는 모든 기업에 대한 효율적인 조정이 가능하다는 면이 있다.

먼저 기업내부에서의 경영은 국가의 집중적인 의사결정에 따라 이루어지기 때문에 기업경영자는 다른 신경을 쓸 필요 없이 생산량증대에만 신경을 쓰면 된다. 그리고 기업개혁과 함께 기업의 목표가 판매액 증대로 바뀌게 되면, 판매액 증대에만 신경을 쓰면 된다. 즉 외부환경으로 인한 위험변수가 적은 관계로 국가가 정해준 목표를 그것이 생산량 목표이든 판매액 목표이든 관계없이 달성하거나 초과달성만 하면 되는 것이다.

사회주의적 계획경제체제의 국가차원의 경영원칙은 첨단기술개발 및 제품혁신에 대해 개별기업이 담당하지 않고 전체 국민의 대표자라고 하는 국가기관이 국가전체의 차원에서 국가기관의 지도하에 이루어지도록 하고 국가차원에서 우선순위를 정하여 집중적으로 관리하였다. 이러한 결과 동등한 경제규모를 가진 사회주의국가와 자본주의국가를 비교할 때 기초과학분야, 군방분야 및 우주공학분야는 국가적으로 우선적인 지원을 받을 수 있는 사회주의국가가 집중적 경영체제로 인해 자본주의국가에 비해 더 유리하다.

다른 기업과의 관계에 대해 살펴볼 때 국가라는 사업부조직에서 기업은 일개의 사업부서로서의 역할을 하게 되는 사회주의적 계획경제체제에서는 기업간 거래는 사업부제에서의 사업부간 내부거래의 성격을 가진다고 할 수 있다. 이로 인해 기업간 거래가 외부거래가 되어 기업간의 관계는 경쟁관계가 되는 자본주의적 시장경제체제와 달리 사회주의적 계획경제체제에서의 기업간의 관계는 협력관계가 된다.

그리하여 사회주의적 계획경제체제에서는 기업간 과다한 경쟁이 일어나지 아니하며 기업간 중첩된 생산시설이 일어나지 아니한다. 게다가 기술에 대한 기업차원에서의 특허권이 인정되지 아니하므로 이의 비용을 줄일 수 있으며, 이로 인해 기업간의 정보 및 기술전파 또한 쉽게 이루어 질 수 있다는 면이 있다. 왜냐하면 사업부제의 국가적 확산이라 할 수 있는 사회주의국가의 집중적 경영으로 인해 사회주의기업 간의 모든 거래는 사업부제의 내부거래와 같은 효과를 줄 수 있기 때문이다. 또한 사회주의적 계획경제체제에서의 제조기업과 유통기업의 관계도 국가전체의 입장에서 조정되기 때문에 원칙적으로는 유통의 혼란이 일어나지 아니한다.

반면, 자본주의기업은 아무리 틈새시장(market niche)을 찾아 제품을 생산하고 이에 맞는 생산시설을 구입한다하더라도 모든 자본주의기업이 적소시장을 찾는 것이 아니어서 그만큼 기업은 도산하고 유휴생산시설은 존재하는 것이며, 비록 도산하지 아니한 기업의 생산시설이라 할지라도 기업은 서로 적자생존의 경쟁관계에 있기 때문에 국가전체로 볼 때의 중첩된 생산시설은 상당한 것이다. 게다가 경쟁관계에 있는 자본주의기업 간의 정보 및 기술은 서로 차단되어 있거나 외부시장가격으로 구입하여야 한다. 또한 제조기업과 유통기업의 관계도 단위기업의 이익을 좇아 설립되는 관계로 국가전체적으로는 혼란이 일어날 가능성이 있다. 물론 그러한 혼란은 기업의 도산을 통한 시장에서의 퇴출이 형식으로 사후적으로 조정될 뿐이다(〈그림 29〉 참조).

〈그림 29〉 사회주의적 의사결정의 장점

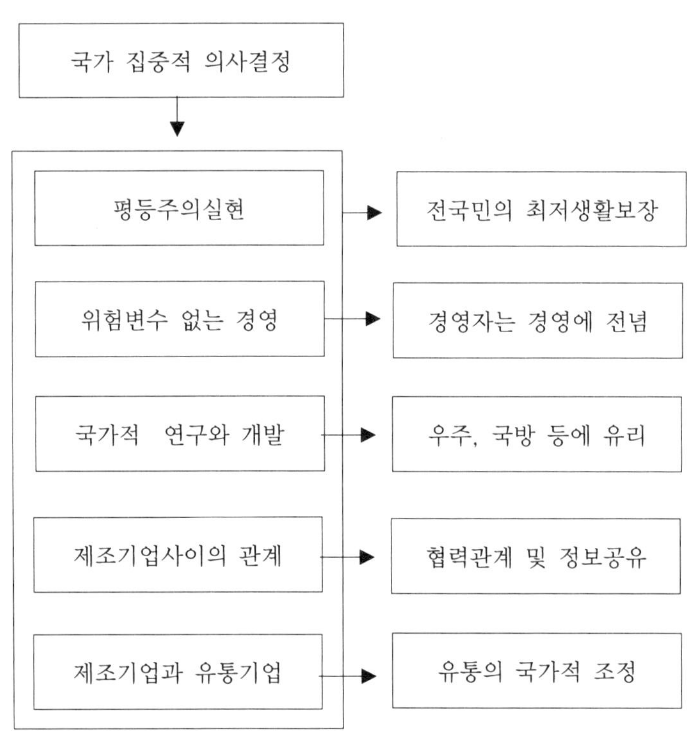

3.6.2 단점

부의 편중을 없애고 국민전체에 대한 평등주의를 실시하고자 하는 집중적인 원칙은 실제 운영의 잘못으로 오히려 국가의 국민전체 및 기업전체에 대한 통제를 가져왔다. 집중적 경영원칙은 특히 각각의 기업에 대해서 국가계획을 이행하는 데에 급급하게 하는 수단으로 작용하였다. 집중적 의사결정체계로 인하여 국가의 기업통제를 심화시키는 결과만을 가져오고, 각 기업경영자의 의사결정권은 그만큼 제한되었던 것이다. 정부의 계획과 통제를 항상 받아야하기 때문에 기업의 의사결정에 많은 시간을 요할 뿐 아니라 의사결정의 적절한 시기를 놓치는 경우가 허다하였다. 시장조사 또한 다방면에서 그리고 적시에 이루어지지 아니하여 제품의 다양성 및 품질의 향상은 거의 이루어지지 아니하였다.

기업이 제품을 생산하는데 있어서는 그 제품에 대한 길이, 넓이, 디자인 등의 제품형태나 품질의 수준은 물론 제품에 대한 목표생산량까지도 기업 스스로의 의사결정에 의하지 아니하고 국가계획에 의한 집중적인 의사결정으로 이루어졌다. 그리하여 기업특유의 경쟁우위에 있는 제품을 생산할 수 없었고 제품의 다양성을 고려한 차별화 전략을 쓸 수도 없어 기업의 효율성을 그만큼 떨어지는 결과를 가져왔다.

집중적인 의사결정으로 인해 위험변수가 없는 상태에서 하는 사회주의기업의 경영은 그 자체가 비효율성을 가져온다. 기업의 존립은 항상 보장되어 있기 때문에 신제품개발을 위해 노력을 하지 아니하여도 되며, 그 결과 신제품개발에 대한 기업 스스로의 의지는 거의 없어지게 되었다.

국가의 기업에 대한 성과기준으로 제품의 생산량만을 고려하고 있었기 때문에 기업규모와 설립연도 및 노동자의 질이 다를 수밖에 없는 여러 기업에서의 다양한 제품의 질에 대한 판정기준이 애매한 경우가 많았다. 이와 같이 집중적인 국가계획에 의한 지표가 생산량기준만 중요시 한 나머지 실제에 있어서 많은 경우 불필요한 원자재 및 노동력을 투입하게 하였는데, 이는 결과적으로 사회주의 종업원의 태만성을 더욱더 부채질하는 결과를 가져다주었다. 국가계획 생산량에 대한 성과기준이 단기적으로는 월별로 이루어져 있기 때문에 이를 달성하기 위하여 매월 말 종업원의 초과근무 및 원자재의 초과투입을 하게 되는데 이로 인해 다음 달 월초에는 종업원의 근무의욕 저하현상과 원자재 고갈현상이 반복되는 결과까지 초래하였다.

국가차원의 의사결정 및 관리로 인해 국가차원에서는 대규모의 생산시설 및 제품개발을 할 수 있지만 국가차원의 의사결정은 일반기업에의 관심을 그만큼 줄어들게 하였고, 수많은 국내의 일반기업에게는 획일적 생산방식을 요구하였다. 이로 인해 일반기업은 기업 나름의 독창성과 전문성이 결여된 제품을 생산할 수밖에 없게 되었다.

국가차원의 의사결정 및 관리를 위해 기업의 최고의사결정자는 당에서 추천한 사람이 선출되었는데, 그 최고의사결정자는 기업의 생산성보다는 중앙정부의 의사결정이행을 더 우선과제로 삼는 경우가 대부분이었다. 특히 핵심당원출신이 경영자가 된 경우에는 그 기업의 실정에 대해 잘 모르거나 관심도 별로인 경우도 많다. 그리하여 기업의 최고의사결정자는 전문경영자라기보다는 공산당원으로서 정치인의 신분으로 국가계획을 충실히 이행하는 행정관료에 가까워 기업운영의 비효율성을 초래하는 경우가 많다.

사회주의기업은 국가의 집중적 의사결정에 따른 국가계획지표를 이행하는 데에 급급한 나머지 국가의 거시적인 조정이 있다고는 하지만 기업과 기업 사이에는 많은 경우 협력이 전혀 이루어지지 아니하였다. 적어도 자기 기업은 목표달성을 이루어야 한다는 소극적인 면과 초과달성기업 중 상위기업에 대한 국가표창을 받으면 국가적인 혜택이 더 있다는 적극적인 면으로 인해 연관산업 내에서의 기업간 제휴도 관심 밖의 대상이 될 수밖에 없었고 많은 경우 연관기업 내의 기업간 교류가 차단되는 경우까지 발생하는 결과를 초래하였다. 국가의 집중적인 경영이 기업간의 협력을 가져온 것이 아니라 기업간의 서열순위경쟁을 가져 온 것이다.

이러한 서열순위경쟁의 부정적인 면이 더 악화되어, 원자재 공급업체와 제조업체로 이어지는 자원조달에서의 기업간 연결이 제대로 이루어지지 않아 어느 기업에서는 재고품이 남아도는데 비해 어느 기업에서는 물자부족상태가 빈번하게 발생하는 결과를 초래하였다.

또한 제조기업과 유통기업의 관계를 중심으로 형성된 유통시스템에서도 국가의 집중적인 의사결정에 의한 생산과 분배라는 원칙으로 인해 이론적으로는 국가기관의 전국적 시장조사에 의해 소비자욕구가 파악될 수 있고 유통분배가 독점기업의 왜곡 없이 효율적으로 분배될 수 있다고 할 수 있었지만 실제적으로는 빨리 변하면서도 다양한 소비자욕구를 정확히 파악할 수 없어서 제품혁신에 대한 제조기업의 욕구가 지극히 적었으며, 중앙기관에 근무하는 공산당원의 사리사욕으로 인해 유통 중 많은 제품이 소비자에게 전달되지 않았을 뿐 더러 그들에게서 흘러나오는 제품에 대한 암시장이 존재하였는데, 경제규모가 커질수록 암시장이 사회주의국가시장의 질서에 미치는 영향은 점점 더 커지게 되었다. 이리하여 제조기업과 유통기업의 관계는 점점 더 비효율적으로 형성될 수밖에 없었다.

사회주의국가의 기업에 대한 중앙집권적 의사결정체계의 비효율성으로 말미암아 양 체제 간의 교류가 자유로워 자본주의제품이 사회주의국가에 자유로이 유입될 수 있게 되자마자 사회주의기업의 국제경쟁력이 상실된 제품은 자국의 소비자에게도 완전히 외면당하여 사회주의국가의 전체기업생산은 중단되는 상황에 이르렀으며, 급기야는 사회주의적 계획경제체제는 붕괴되었던 것이다. 기업차원의 제품이 가지고 있는 국제경쟁력을 무시한 국가차원의 의사결정을 하는 사회주의적 계획경제체제는 국가 내 기업전체의 제품이 국가 내 모든 소비자로부터 외면당하여, 대외교역의 자유화와 동시에 기업전체가 동시에 생산중단되는 상태에 이르게 되었으며, 이로 인해 사회주의적 계획경제체제 전체가 붕괴되는 현상이 발생하였던 것이다(〈그림 30〉 참조).

〈그림 30〉 사회주의적 의사결정의 단점

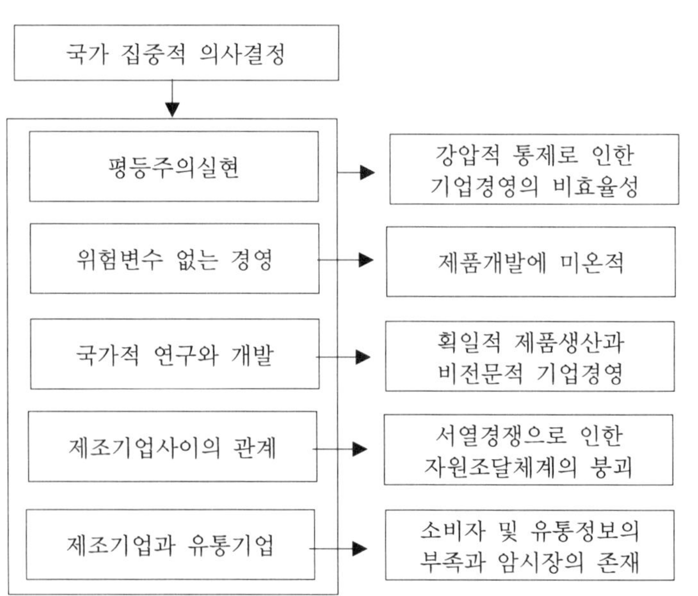

여기서 한 가지 주의할 사항은 위와 같은 집중적 경영의 전제조건인 평등이념은 사회주의국가의 실제적 경제운용에서 불거져 나왔던 불법성 및 경제체제의 변환으로 나온 마찰적 현상과 구분하여야 한다는 점이다.

인권유린작태 ☞

과거 사회주의국가는 그들의 인권유린으로 인해 받은 사례가 상당히 많았는데 이러한 인권유린작태는 평등이념에 대한 실제운영에 있어서 사리사욕에 찬 공산당원들의 불법성으로 생긴 결과일 뿐 자유이념과 트레이드오프(trade-off) 관계에 있는 평등이념과는 관련이 없다. 이는 자본주의적 시장경제체제의 많은 국가들도 독재정치를 하여 인권유린사태가 많이 일어났던 것을 보면 알 수 있다.

생산량 감소현상 ☞

또한 체제변환 직후 일어난 필수식량의 수급조절의 불가능사태와 급격한 생산량 감소현상은 체제변환으로 인하여 발생한 유통의 마비 및 체제변환국가의 국민의 전폭적인 서구제품의 선호에서 생긴 마찰적인 혼란현상일 뿐 평등이념이 그 원인은 아니라는 것이다. 평등이념은 자유이념에 비해 상대적으로 비효율성을 가질 뿐 생산량 자체를 감소시키거나 수급을 불가능하게 하지는 않기 때문이다.

즉 사회주의적 계획경제체제의 평등이념은 그 자체가 인권을 위한 개념이며 자본주의적 시장경제체제에 비한 상대적 비효율성일 뿐 인권유린사태나 수급조절의 불가능사태 및 생산량의 급격한 감소현상과는 직접적인 관계가 없다는 것이다.

참고문헌

· 고정식 (2005), “가격자유화와 시장화”, 내: 「현대중국경제 (저: 유희문 외)」, 교보문고. pp.271-324.
· 김상겸 (2005), “북한의 가격체계”, 내: 「현대북한경제론 (편: 북한경제포럼)」, 오름. pp.399-440.
· 김시중 (2005), “국유기업개혁의 전개”, 내: 「현대중국경제 (저: 유희문 외)」, 교보문고. pp.181-225.
· 김영용/ 전용덕 (1999), 「시장경제의 이해」, 자유기업센터. pp.11-88.
· 마홍 (1990), 「사회주의 상품경제론」, 과학과 사상. pp.160-190.
· 맥이완 (1982), “현대경제의 팽창과 불균등발전”, 내: 「현대세계자본주의론 (홉스바움 편, 김부리 역)」, 돌베개. pp.152-169.
· 바글리니/ 노만 (1989), 「국제경영과 리스크 매니지먼트 (역; 송일)」, 법문사. pp.13-20, pp.42-70.
· 샤이크 (1985), “마르크스의 가치론과 전형문제”, 내: 「노동가치론 논쟁(뵘-바베르크 편, 이인호 역)」, 학민사. pp.167-215.
· 오용석 (1988), 「공산권 경제의 탈마르크스 경제학: 소련, 중공, 동구경제의 운용원리와 개혁의 논리」, 슬라브연구사. pp.34-52, pp.95-101.
· 조규진 (1993), “경제체제를 고려한 마아케팅 이론의 적용범위의 확대에 대한 소고”, 우양 한희영 박사 정년기념 논문집, pp.261-280.
· 조규진 (1994), “동 · 서구권 마케팅시스템에 대한 개념과 전략”, 한독경상학회, 경상논총, 11호, pp.166-188.
· 조규진 (1995), “중 · 러 · 북한의 수송체계의 현황과 전망에 대한 소고”, 광운대, 광운대학논문집, 24호, pp.155-166.
· 조규진 (1996), “중 · 러의 경제개혁과 상적 유통의 변화; 개혁전 · 후 경제체제와 관련하여”, 한국유통학회, 유통연구, 1권 2호, pp.115-140.
· 조규진/ 황일영 (1998), “중국의 광고시장환경”, 내: 「세계화와 경영혁신-경영혁신이론과 사례 (조규진 외)」, 경문사. pp.157-184.
· 조용범 (1987), 「경제체제론」, 한울사. pp.17-60.
· Bardmann (1986), *Die Preistypdebatte, ihre Grundlagen und ihr Einfluss auf die praktische Ausgestaltung des Preissystems der DDR*, Ost-Berlin. pp.36-50.
· Barksdale, H. C./ Kelly, W. J. (1978), "The Marketing Concept in the U.S. and the USSR: An Historical Analysis", *Journal of Academy of Marketing Science*, Vol. 6, No. 4, pp.258-277.
· Brus, W./ Laski, K.(1990), *Von Marx zum Markt - Der Sozialismus auf der Suche*

nach einem neuen Wirtschaftssystem(Übers.: Zendron, S.), Marburg. pp.109-125.

· Damus, R. (1979), *RGW - Wirtschaftliche Zusammenarbeit in Osteuropa*, Opladen. pp.214-220.

· Furtak, R. (1979), *Die politischen Systeme der sozialistischen Staaten*, München. p 28.

· Gutmann, G./ Klein, W. (1984), "Wirtschaftspolitische Konzeption sozialistischer Planwirtschaften", in Cassel, D.(eds.) *Wirtschaftspolitik im Systemvergleich*, München, pp.93-116.

· Heitger, B. (1990), "Wirtschaftliches Wachstum in Ost und West im internationalen Vergleich seit 1950", *Die Weltwirtschaft*, H.1, pp.174-178.

· Hirsche, H. (1990), "Probleme der Perestroika sowjetischer Planwirtschaft", *Osteuropa*, 40. Jg., H. 8, pp.728-760. pp.141-142.

· Joe, G.-J. (1989), "Marketing in Koreanischen Unternehmen; Marketingstrategie der koreanischen Unternehmen als Weltmarktherausforderer gegenüber kapitalistischen und sozialistischen Ländern", Zeitschrift für Wirtschaftswissen-schaften (Korea), Vol. 7, pp.93-106.

· Klump, R. (1989), *Einführung in die Wirtschaftspolitik - Theoretische Grundlagen und Anwendungsbeispiele*, München. pp.122-133.

· Klump, R. (1989), *Einführung in die Wirtschaftspolitik - Theoretische Grundlagen und Anwendungsbeispiele*, München. pp.13-34.

· Sik, O. (1987), *Wirtschaftssysteme: Vergleich - Theorie - Kritik*, Berlin, Springer Verlag. pp.17-58.

· Uhlig, K.-H. (1977), *Marketing - Strategie des manipulierten Marktes*, Köln: Pahl-Rugenstein Verlag. pp.132-146.

· Wilczynski, J. (1974), *Das sozialistische Wirtschaftssystem*(Übers.: Eekhoff, G.), Köln. pp.141-158.

제4장
사회주의기업과 대외교역

4.1 사회주의국가의 자급자족원칙

세계적 확산 ☞

자본의 노동착취 ☞

제국주의적 착취 ☞

사회주의국가는 자본주의국가의 해외진출에 대해 제국주의적 착취의 국가간 무역확산에 힘입은 세계적 확장이라고 비판한다. 그리하여 사회주의국가의 대외교역의 원칙은 자본주의국가의 대외교역을 비판하면서부터 시작된다. 즉 자본주의국가 내에서 자본의 노동착취가 확대됨에 따라 기업은 성장하고 국내시장은 공급의 포화상태가 되는데, 이러한 국내 포화경쟁상태를 극복하고자 자본주의기업은 국외시장으로의 해외진출을 하게 되며, 이는 결국 국가차원의 정치적 식민지화와 더불어 자본의 노동에 대한 착취가 국제적으로 확대되는 제국주의적 착취의 세계적 확장현상이 일어나게 된다고 비판하는 것이다.

자급자족 ☞

그 결과 사회주의국가는 자본주의국가와의 교역을 회피한 채 자급자족을 대외교역의 원칙으로 삼았다. 단지 사회주의국가는 사회주의의 빌진을 위해 수힌 생신시설 및 첨단기술을 수입할 때에 한해 자본주의국가와의 교역을 하였다. 일방적인 필요의 수입으로 인한 외화부족을 막기 위해 무역형데는 대부분 외화외 지급을 필요로 하지 아니하는 구상무역의 형태로 이루어졌으며, 자본주의국가에 대한 수출품은 농산품이나 천연자원이 주종을 이루었다.

이러한 자급자족원칙은 우선 국가단위에서부터 이루어져야 하며, 이러한 국가단위의 자급자족의 기초가 가능할 때 사회주의국가들만의 자급자족을 장기적으로 유지할 수 있다고 보았다. 국가단위의 자급자족을 위해 국가내의 도시 및 촌락단위에도 자급자족을 권유하였다. 소단위의 자급자족을 바탕으로 경제발전을 이루고 이들이 연합할 때 국가단위의 경제가 발전하며, 이러한 국가적 자급자족의 토대 위에 사회주의국가들만이 대외교역을 할 때 사회주의국가는 제국주의적 자본주의의 피해로부터 벗어나고 자본주의체제의 구조적 종속물이 되지 않는다고 보았다(〈그림 31〉 참조).

〈그림 31〉 사회주의적 대외교역원칙의 발전

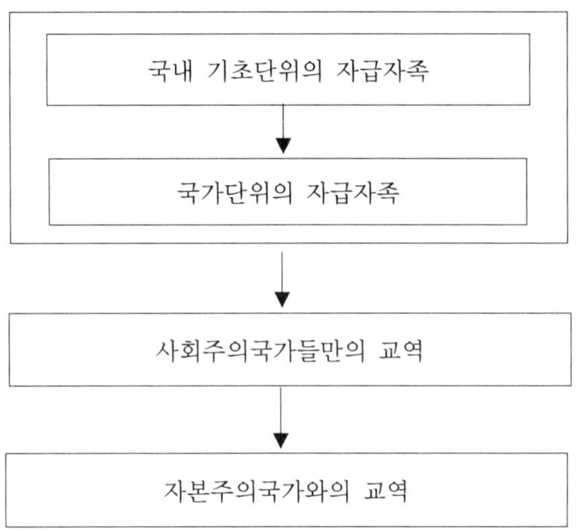

이와 같이 자본주의기업의 확장에 대한 피해를 극복하면서 제품가격산정의 차이점을 피하기 위한 자급자족을 실시하면서 사회주의국가 내부의 발전을 달성하기 위해 중공업부문에 대한 자원배분의 우선순위를 가장 높게 책정하였다. 그러나 사회주의국가의 국가단위 차원에서 국내의 자원부존상태, 기초공업의 발전정도 및 기술수준 등의 여건이 열악한 조건을 극복하기 위해서는 국가단위의 자급자족원칙으로서는 불가능하기 때문에 사회주의체제의 지속적인 발전을 위해서라도 대외교역이 필요하다고 생각하였다. 대외교역은 국내의 부족한 소비물자를 보충해 주는 유통역할도 하기 때문이다.

대외교역의 필요성을 인정한 사회주의국가라도 원칙적으로 사회주의체제 내에서 의식적이며 계획적인 국제분업이 가능할 때만 대외교역을 인정되었다. 이는 곧 사회주의국가끼리 대외교역을 하는 사회주의적 국제분업체제를 뜻하는데 이 체제 내에서는 국가가 특화생산의 주체로 나타나며, 각 국가의 기업은 국가계획의 구성원으로서 국가계획이 정해준 부분만 실행하면 되는 부속물에 불과하다. 즉 사회주의적 국제분업을 통해 각 국가 및 기업의 공업화수준 및 생산효율을 높이고 성숙된 사회주의 국가로의 고도화를 꾀하며, 각 국가간의 경제발전수준의 격차를 시정하여 이상적인 공산주의로 이행하려는 물질적 기초를 만들겠다는 것이다.

사회주의권 국가들은 국제분업의 효용성에도 불구하고, 이러한 사회주의국가만의 자급자족 정책으로 인해 사회주의적 계획경제체제가 가지는 비효율성을 벗어나지 못하였다. 즉 제품의 질이나 기술혁신을 고려하지 아니하고 종업원의 노동량이나 제품의 생산량에만 가치를 두는 사회주의적 계획경제체제로 인해 사회주의적 국제시장의 제품종류는 세한되고 제품의 품질은 향상되지 아니하였으며, 외형적인 디자인 및 포장상태는 매우 조악하게 되었다.

사회주의 제품의 질적 저하는 근본적으로 국가계획에 의한 강제적 할당량의 목표달성이라는 사회주의이론의 생산에 대한 기본개념에서 비롯되었다. 일반적으로 제품의 질적 향상을 가져오기 위해서는 판매개념과 가격개념이 포함된 판매액중심의 생산이 이루어져야 하는데, 이와는 달리 사회주의적 생산의 기본개념은 오직 생산개념과 양적 개념만이 포함된 생산량중심의 생산이 이루어져 사회주의적 생산에 의한 제품의 품질은 상대적으로 떨어질 수밖에 없는 것이다.

기술발전에 있어서 질적인 국면을 무시한 채 생산설비 및 생산량의 양적인 증가에만 신경을 쓰는 사회주의국가들끼리의 국제분업은 기업의 생산성과 기술발전을 위하는 데에 그만큼 한계가 있어서 생산설비나 기술혁신에 대한 투자를 소홀히 하여 생산설비를 오래 사용하는 가운데에서 생산량증가에만 신경을 써 결국에는 사회주의기업 생산시설 전체의 노후화를 가져오기도 하였다. 사회주의적 국제분업에도 불구하고 그 국제분업이 가지는 사회주의적 자급자족원칙에 의해 기술혁신과 판매량증가에 대한 경쟁을 바탕으로 한 서구자본주의기업의 생산성에 비하여 사회주의국가에 속하는 기업전체의 생산성은 월등하게 떨어지게 될 수밖에 없었다.

〈그림 32〉 사회주의국가와의 교역

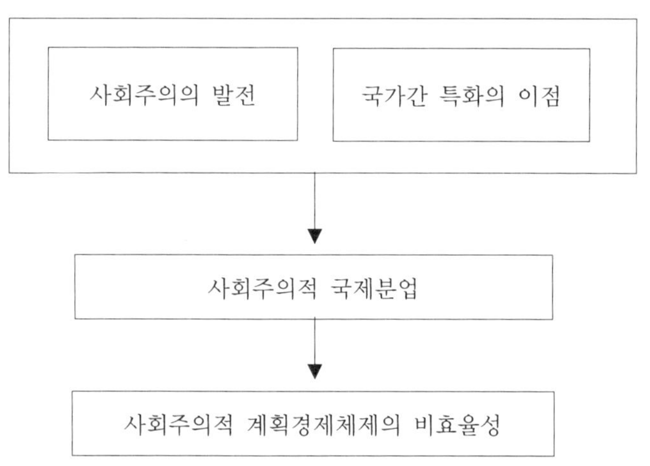

지금까지 설명한 바와 같이 사회주의국가는 주로 수출입의 형태로 서로간의 교역을 하나 사회주의권 중에서도 몇 개의 국가들은 경제블록을 만들기도 하였다. 코메콘(The

코메콘 ☞

Council for Mutual Economic Assistance: CMEA 또는 COMECON)가 그 좋은 예이다. 코메콘의 회원국은 사회주의국가 전체의 경제부흥을 하기 위해 설립하였지만 모든 사회주의국가가 여기에 참가한 것은 아니어서 결국은 사회주의권 내에 존재하는 하나의 경제블럭에 불과하게 된 것이다.

사회주의국가 간의 일반적인 교역은 국내에서 생산된 제품이 포화되거나 타국보다 비교우위가 있는 경우에 사후적으로 수출을 하는데 비해 코메콘 국가간의 교역은 국가마다의 수출입 제품종류와 교역량을 사전에 약정한 후에 각국에서 생산하는 방식을 채택하였다. 일반적인 사회주의교역은 그 방식이 각국의 계획경제에 따른다는 점에서 시장경제에 따르는 자본주의국가 간의 교역과 다르다. 그러나 국가에서 생산한 제품에 대해 비교우위에 따라 사후적으로 국가간 교역이 이루어진다는 점에서는 자본주의국가간의 무역과 유사하다. 물론 국가간 사후적 교역이 이루어지는 일반적인 사회주의교역에서도 이 생산제품 및 생산량은 국내의 사전적 국가계획에 따라 결정되어진다.

이렇게 볼 때 코메콘국가들의 제품은 사회주의국가전체의 입장에서 볼 때에도 국제경쟁력이 있는 제품이라기보다는 계획량을 달성하기 위해 생산된 제품에 불과하였다. 이로 인해 기술의 전문성이 없어지게 되는 하나의 원인이 되었다(〈그림 33〉 참조).

〈그림 33〉 자본주의국가간의 교역, 사회주의국가간의 교역 및 코메콘국가간의 교역

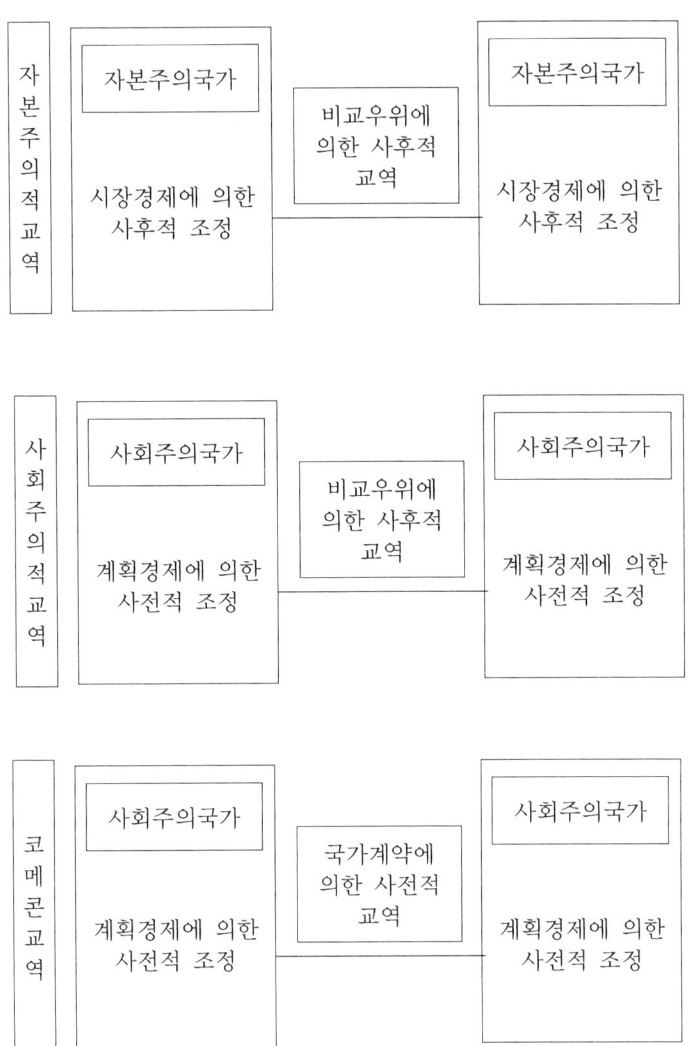

코메콘국가의 무역량은 그 경제블록과 같은 성격으로 인하여 일반적인 사회주의교역에 의한 무역량보다는 컸으나, 코메콘국가도 사회주의국가이므로 각 국가의 자급자족원칙 아래에서 국가경제를 수립하였기 때문에, 자본주의국가간의 무역량에 비해서는 현저히 작았다. 또한 국가간 무역을 증

진시킬 수 있는 화폐가 발달되지 아니하여, 무역량을 감소시키는 원인이 되었다.

또한 코메콘 국가들은 각 국가마다 일정액의 지분을 투자하여 사회주의적 다국적기업을 설립하였다. 이러한 사회주의적 다국적기업은 모기업 자체가 여러 국가의 지분이 있는 관계로 하나의 국가에 존재하는 모기업이 여러 국가에 자회사를 설립하여 만들어진 자본주의적 다국적기업과 그 성질을 달리한다. 특히 국가마다 산업을 특화하여 그 산업에 해당되는 기업을 특화산업이 지정된 국가에 설립하였다. 물론 특화산업이 정해진 국가에 여러 개의 기업을 설립할 수 있고 이러한 기업이 모기업이 되어 그 나라나 다른 코메콘국가에 자회사를 설립할 수도 있다(〈그림 34〉, 〈그림 35〉 참조).

〈그림 34〉 자본주의적 다국적기업

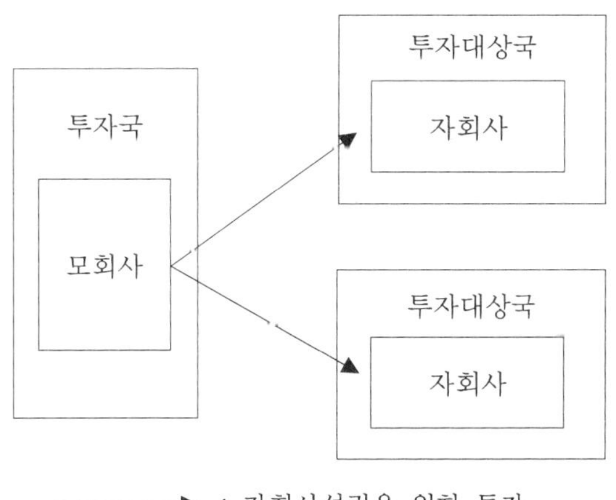

〈그림 35〉 사회주의적 다국적기업

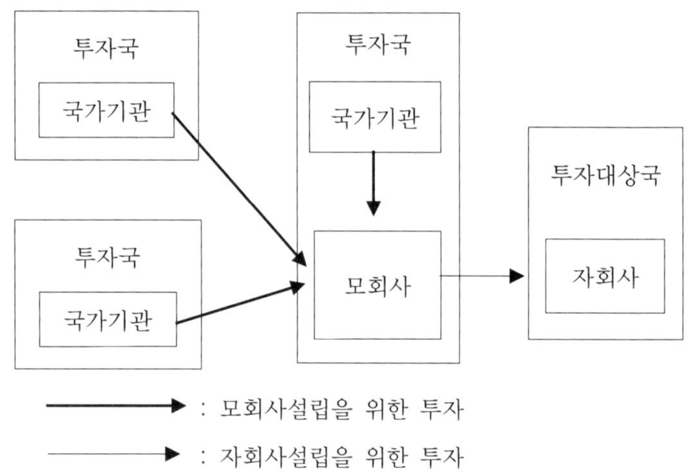

제품의 가격책정 ☞

코메콘 국가들의 교역이 수출입의 형태이든지 해외직접투자의 형태이든지를 막론하고, 제품의 가격책정은 두 가지 형태가 있다. 우선 과거에 어떤 형태로든지 교역이 이루어진 경우가 있는 제품에 대해서는 세계에서 거래되는 제품에 대한 비용을 근거하여 가격을 정하였다. 그러나 전혀 거래가 없었던 제품의 교역가격 결정은 코메콘국가간의 합의에 의해 책정하였다. 이런 무역결제에 대한 상이한 형태는 코메콘 국가간에 교역량을 감소시키는 원인이 되었다. 또한 이들 회원국내에서 교역을 하더라도 그 국가들이 사회주의 국가였기 때문에 앞에서 말한 사회주의적 계획경제체제 이론에 의한 비합리성으로 인해 코메콘 교역을 통한 기술발전은 아주 미약한 상태에 그쳤다.

이와 같이 사회주의국가끼리의 교역이 가지는 한계인 사회주의기업의 비효율적 경영과 사회주의제품의 조탁성을 인정한 상태에서 사회주의체제의 발전과 사회주의국가의 경제성장을 위해서는 우수생산시설 및 첨단기술을 사회주의체제외부로부터 도입해야 한다고 사회주의국가들은 결론을 가져왔다. 즉 사회주의국가의 발전의 초석인 우수생산시설 및 첨단기술의 도입대상국은 자본주의국가밖에 없으며, 이것의 수입을 위해 자본주의국가와의 교역을 인정하게 된 것이다.

물론 자본주의국가와의 교역도 사회주의체제의 발전을 위한다는 명분 하에 이루어졌으며, 자본주의의 제국주의적 착취로부터의 피해를 최소화하기 위해 노력을 하였다. 즉 꼭 필요한 제품만을 수입하여 수입액수를 최소화시킨 상태에서 자본주의국가로부터의 수입액과 동일한 액수만큼의 제품을 그 자본주의국가에 수출하여 자본주의국가와의 수출입을 서로 연계시키는 교역정책을 실시하였다.

적극적 의미 ☞

소극적 의미 ☞

이와 같이 자본주의국가와의 교역은 세계시장경제에서의 특화를 통하여 이익을 얻을 수 있다는 적극적 의미가 아니라, 단순히 수입을 통하여 국내생산에서 부족한 물자를 취득하고, 수출을 통해 수입을 하기 위한 외화를 벌어들인다는 소극적 의미를 갖는다. 이러한 자본주의국가와의 교역에 대한 사회주의국가의 소극적 대외정책은 사회주의국가간의 활발한 수출과 수입을 통해 국제특화의 이점을 얻으려는 적극적 대외정책과 비교할 때 상당히 대조를 이룬다. 사회주의국가는 사회주의권 전체에서도 생산이 불가능하다고 생각될 때만 자본주의국가와 교역을 하었던 것이다.

결국 사회주의국가는 자본주의국가와의 교역을 통해, 제품아이디어를 생산에 빨리 투입할 수 있는 경영방법 및 서구의 고도화된 생산설비가동방법을 신속하게 배움으로써 고도화된 생산시설의 건설시간을 단축하고 국내기업이 생산하는 제품의 질을 높게 하여 국민에게는 우수한 제품을 생산하여 공급하고 국가로서는 사회주의발전을 가속화하려 했던 것이다(〈그림 36〉 참조).

〈그림 36〉 자본주의국가와의 교역

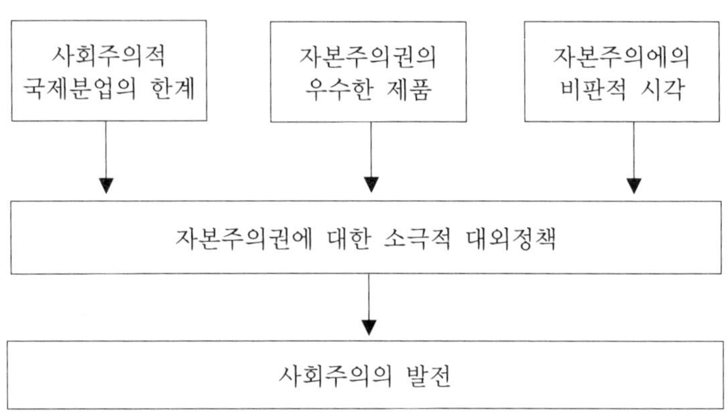

4.2 무역독점회사

사회주의국가가 국가단위의 자급자족체제에서 대외교역을 하는데 있어서의 특징은, 사회주의권이나 자본주의권을 가리지 아니하고 대외교역을 할 때에는 모두 국가가 독점기관인 무역독점회사를 통하여 관리를 한다는 점이다.

사회주의적 국제분업의 자급자족원칙으로는 사회주의체제의 지속적인 발전이 어렵다고 판단을 한 사회주의국가들은, 자급자족원칙을 수정하여 자본주의 국가와의 대외교역이 불가피하게 필요하다고 생각하였다.

물론 자본주의국가의 교역을 자본주의기업의 최대한의 이윤추구를 기초로 하는 자본주의국가의 제국주의적 착취라는 이론적 비판은 계속하는 가운데 현실적으로 이로부터의 피해를 극소화할 수 있다는 전제하에 자본주의국가와의 교역을 하게 된 것인데, 이를 제도화한 것이 무역독점회사이다. 즉 무역독점회사란 기업과 같은 생산수단을 국영화하고 경제는 시장기구가 아닌 국가계획에 의해 조정한다는 사회주의적 계획경제의 원리에 의해 외국과의 대외교역에 있어서 공급 내지 수요를 국가가 독점적으로 처리하는 제도적 국가기관이다.

사회주의국가의 대외교역기구가 국유화되고 국가독점에 의해 계획적으로 수행된다는 것은 대외교역을 국가차원에서 중앙집권화하고 국가의 연간경제계획에서 제품에 대한 조정을 사전적으로 맞춤으로써 국내적으로는 사회주의적 생산관계를 공고히 하여 생산력을 더 효율적으로 향상시키며, 대외적으로는 수입과 수출을 국가계획에 포함시켜 통일적으로 대외부문을 관리하겠다는 의미를 가진다.

무역독점은 대외교역에 대한 국가차원에서의 수입과 수출이 연계하는 구상무역방식의 방법적 기초를 제공하며, 자국에서 가장 유리한 거래조건을 타국에 대해 제시할 수 있게 함으로써 대외교역에서 얻은 국가차원의 이익을 최대화시킬 수 있게 한다.

즉, 무역독점회사란 사회주의국가의 국가계획 아래 타국기업과의 대외교역업무를 독점하는 국가소유의 무역회사로서 국가계획에 의거해 독점적으로 자국의 제조기업이나 유통기업이 필요한 외국제품을 수입하거나 자국의 제조기업이 만든 제품을 타국에 수출하는 역할을 한다.

그리하여 무역독점회사는 사회주의국가의 자급자족적 경제계획에서 발생하는 물자부족 등의 문제점을 국가계획에 의해 대외무역으로써 보완한다는 이론적 의미를 가지고 있다. 이와 같이 국내기업의 대외업무를 국가계획과 연계할 뿐 아니라 무역독점회사는 세계시장의 경쟁으로부터 국내기업을 보호하고 세계경기변동으로부터 국내경제를 보호하는 기능을 가진다. 이러한 대외무역독점회사는 수출·입 협상을 할 때 국내기업의 수급량을 조절할 수 있는 독점적 위치에 있었기 때문에 서로 경쟁관계에서 각자 분산되어 접근하려는 자본주의기업에 비해 유리한 위치에 설 수 있었다.

국가계획과 연계 ☞
국내기업의 보호 ☞
국내경제의 보호 ☞

예외적으로 몇 개의 특수한 대규모 기업집단은 내부적으로 무역회사가 있어 직접 수출·입을 하기도 하였지만, 이 또한 담당 행정기관으로부터 국가의 수출·입 계획에 따라 얼마나 충실하게 실행하였는가에 대한 심사를 받았기 때문에 통제 면에서 볼 때 이러한 무역 또한 무역독점회사를 통한 무역과 별반 차이가 없었다.

그리고 현재는 사회주의적 계획경제체제 하에 있는 북한만이 아직도 대외무역독점회사의 지도아래 대외무역을 하고 있을 뿐 자본주의적 시장경제체제하의 러시아나 사회주의적 시장경제체제 하의 중국에서는 대외무역독점회사는 존재의 미를 잃게 되었다(〈그림 37〉 참조).

〈그림 37〉 무역독점회사와 대외교역

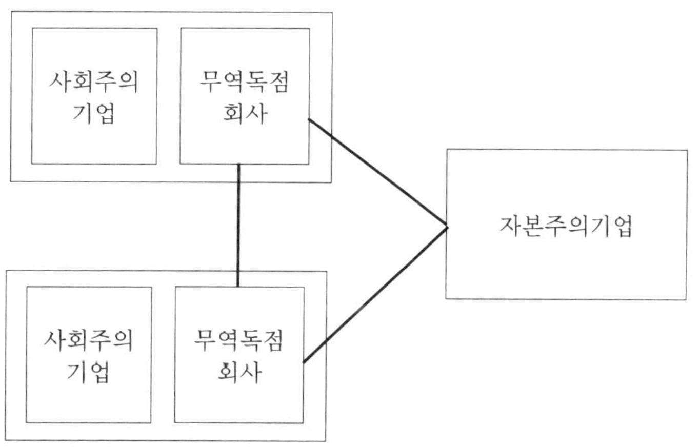

4.3 화폐부족의 원인

자본주의적 시장경제체제에서는 화폐를 투기적 동기나 예비적 동기 및 거래적 동기로 필요로 하지만 사회주의적 계획경제체제의 화폐수요는 주로 거래적 동기로 인정된다.

자본주의적 시장경제체제에서 자본축적을 가능하게 하는 화폐의 투기적 수요는 인정하지 아니하여 금지시키고, 화폐는 거래적 수요를 위한 지불수단으로서의 기능을 주로 하게 하였다. 또한 노동자에게는 임금을 화폐로써 지불하여 노동자는 이 화폐로써 소비행위를 할 때 소비재에 한해서는 스스로 구입하여 소유하거나 소비재구매를 아니하고 절약하는 것은 노동자의 자율의사에 맡겼는데, 이렇게 함으로써 위급상태의 대처를 위한 예비적 동기의 화폐수요는 어느 정도 인정하였다.

화폐의 자본화 ☞

즉, 사회주의적 계획경제체제에서는 개인이 화폐의 축적을 통한 투기적 동기를 가지는 화폐수요를 못하게 하여 화폐의 자본화, 즉 화폐가 생산수단을 살만큼의 큰 액수로 투기적 수요를 위해 개인적으로 축적되는 것을 금지하였다.

개인간 빈부격차 ☞
세계적 공황상태 ☞

이는 개인적 화폐축적에 의한 자본이 개인간 빈부격차와 세계적 공황사태를 낳는 근본원인이라는 것을 지적한 사회주의의 창시이론이다. 소비자가 제품을 구매한 대가로 지불하던 화폐의 원래 기능이 자본주의적 시장경제체제에서는 자본화되고, 이로 인해 화폐는 개인의 투기적 동기에 의해 수요되고 또한 빈부격차의 제일 원인이 되었다. 이를 금지하고자 사회주의적 계획경제체제에서는 앞에서와 같이 국가가 주로 화폐를 관리할 뿐 아니라 개인에게는 약간의 예비적 수요와 거래적 수요 외에는 허용을 못하게 하여 화폐를 개인이 투기적 동기로 수요하지 못하게 한 것이다.

그리하여 사회주의적 계획경제체제에서도 화폐가 존재하였으나 개인적으로 화폐의 축적을 못하게 하여 사적 자본으로의 기능을 못하도록 통제를 가하였다. 거기다 토지, 기업, 건물 등의 생산수단은 국가소유로 하였기 때문에 투기의 대상이 될 수 없어, 그래서 화폐는 거의 제품구입에 대한 지불수단으로만 거의 사용되고 예비적 동기로밖에 쓰일 수 없는 소량의 화폐축적이 가능할 뿐 투기적 동기로 쓰이는 대량의 개인적 화폐축적은 거의 불가능하였다(〈그림 38〉 참조).

〈그림 38〉 자본주의와 사회주의의 화폐수요동기

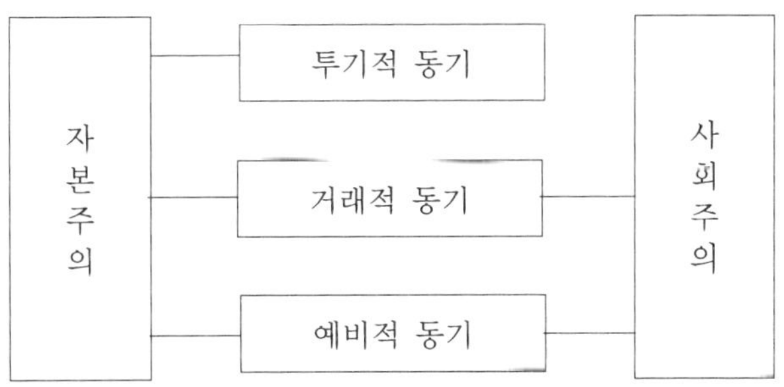

원래 물물교환시대에는 존재하지 아니 하였던 화폐가 사회가 대규모화되고 복잡해짐에 따른 거래의 효율화와 개인적인 위급상황에의 긴급한 대처를 위해 필요하다고는 인정하기는 하나 빈부의 격차와 공황의 사태를 가져오는 개인적인 축적수단으로는 허용하지 아니하겠다는 것이 사회주의적 화폐에 대한 입장이다. 또한 경제가 대규모화되는 경우에도

국가기금의 관리 ☞

국가가 축적된 화폐를 국가기금의 관리형태로 운영한다면 부의 불평등을 없애면서 기업의 운영자금을 충분히 공급할 수 있다고 보는 것이다.

화폐부족현상 ☞

이로 인해 사회주의적 계획경제체제에서는 개인적으로 뿐 아니라 국가적으로도 화폐가 그리 많이 필요하지 아니 하였으며, 이 결과 자본주의에 비교해 볼 때 상당한 화폐부족현상으로 나타나게 되었다. 이 화폐부족은 폐쇄경제에서는 아무런 문제가 없지만, 사회주의적 계획경제체제가 절대적으로 필요로 하는 자본주의기업 제품(예를 들어 첨단제품이나 생산재 등)을 구입하려고 할 때, 자본주의적 시장경제체제와의 무역에서는 큰 문제점으로 나타났다.

경화결제의 요구 ☞

원칙적으로 언제 도산할 지 모르는 자본주의기업으로서는 제품판매와 함께 화폐로 지급되는 단기적 이윤동기로 무역을 하는 것이 당연하다. 그리하여 자본주의기업은 사회주의적 계획경제체제와의 무역에서도 화폐를 특히 세계시장에서 통용될 수 있는 경화를 요구하였다. 그러나 화폐가 부족한 상태에서 사회주의발전을 위해서는 경화결제의 요구를 충족시켜야 하는 자본주의제품의 수입이 불가피한데 화폐 특히 세계시장에서 통용되는 경화의 지급은 사회주의국가에게 상당히 어려운 문제가 되었다. 이런 관계로 사회주의적 계획경제체제는 자본주의기업과의 무역을 더더욱 필요악으로 간주하게 되었다.

자본주의기업의 필요한 첨단기술 및 생산시설을 수입할 때는 화폐를 지불해야 상황에서 국가차원에서도 부족한 축적화폐의 자본국가에의 지불을 줄이기 위해, 자본주의적 시장경제체제와 사회주의적 계획경제체제의 무역에서는 서로간 화폐를 지불하지 않는 구상무역이 대안으로 떠오른 것이다.

사회주의가 필요로 하는 자본주의제품은 사회주의권 전체에서 아직 개발되지 아니하였거나 사회주의제품보다 품질이 상당히 좋은 제품이기 때문에 이를 생산하는 자본주의기업은 대부분 자금이 튼튼한 대기업이다. 자본주의적 대기업의 입장에서 볼 때 사회주의국가에의 제품판매를 통한 단기적 수익성과 함께 미래의 잠재적 시장개척으로 인한 장기적 수익성도 고려하는 관계로 사회주의국가에 대한 구상무역의 필요성을 인정하게 되었다. 사회주의국가는 이론적으로 제국주의적 착취의 세계적 확산을 거론하면서 그의 제일 원흉으로 자본주의기업을 꼽았는데 실제에 있어서는 자본주의기업과 교류를 한 것은 물론이고, 그 중에서도 우수한 제품의 질과 금융거래의 안전성이 있는 대기업을 무역파트너로 제일 선호하였다.

단기적 수익성 ☞

장기적 수익성 ☞

또한 사회주의국가는 자본주의제품수입이 필수적이고 외환도 없기 때문에 구상무역의 제품가격기준에 대해서는 자본주의국가가 요구하는 대로 시장가격을 쓰게 되었다.

그런데 대부분의 경우는 화폐의 지급이 되지 아니하는 구상무역의 형태로 교역이 이루어지지만 사회주의국가에 필수적인 제품일수록 또는 그 제품이 세계시장에서 독점재화일수록 이를 생산하는 자본주의기업은 화폐지불을 요구하는 경향이 많아 이와 같이 반드시 화폐를 지불해야 하는 경우에는 국가에서 관리하는 화폐를 지불하였다. 물론 화폐는 수입국인 사회주의국가의 화폐가 아니라 경화를 선호하였다.

그리하여 대부분의 경우에 구상무역으로 이루어졌다 하더라도 사회주의발전이 급속해질수록 우수제품수입을 위한 경화지급이 많아 사회주의국가는 국제수지의 적자폭이 점점 더 커지는 것을 감내하여야 하였다. 사회주의발전이 될수록

국제수지의 적자폭 ☞

사회주의제품의 품질은 향상되었지만 서구 자본주의제품의 품질과는 차이가 있어 자본주의국가에 대해 수출을 할 수 없었기 때문에 사회주의발전은 국내경제의 수준을 높일 뿐 국제수지는 점점 더 악화되는 현상이 일어났던 것이다.

경제혼란의 원인 ☞

이러한 화폐부족은 사회주의적 계획경제체제에서 자본주의적 시장경제체제로 변환한 직후에 극심한 화폐부족으로 인한 경제혼란의 원인이 되기도 하였다. 왜냐하면 자본주의적 시장경제체제로 변환한 직후에는 기업 스스로 기업운영자금과 수입자금을 구해야 했는데 갑자기 이루어진 경제체제의 직후에는 기업 뿐 아니라 국가까지도 화폐보유액은 매우 적었었고, 국제수지의 적자폭은 이미 상당한 수준에 있었던 것이다.

4.4 자본주의기업과의 교역방식

경제체제의 차이로 인한 자본주의기업에의 비판과 함께, 양 체제 간 제품가격의 기준이 다른 관계로 자본주의국가와 사회주의국가의 교역은 방법론상으로도 상당히 힘든 문제이다.

자본주의기업의 제품가격은 수요측면과 공급측면이 모두 고려되는 시장가격으로 정해지는 반면 사회주의국가의 제품가격은 공급측면만이 고려되는 노동자의 제품생산에 대한 노동시간으로 정하여졌으며, 이는 곧 사회적으로 필요한 추상적 평균노동량을 말한다. 이러한 사회주의제품의 가격은 사회주의적 계획경제체제의 기본원리인 노동가치론과 유물론을 기초로 하여 형성된 것이다. 노동가치론에서는 모든 노동의 가치는 동일하다는 전제 하에 제품의 가격을 사회적으로 필요한 추상적 평균노동량으로 나타내었으며, 유물론에서는 물질적 제품생산만이 가치를 창출하고 또한 물질적 하부구조가 이념적 상부구조를 결정짓는다고 하였다.

여기서 중요시되는 사항은 제품이란 기업이 생산하는 결과물에 불과하기도 하지만 경제의 최소기본단위이기도 하다는 것이다. 그리하여 제품을 분석한다는 것은 경제전체를 분석한다는 의미를 가지고, 하부구조로서의 경제는 사회전체를 결정하는 관계로 경제전체의 분석은 사회전체를 분석한다는 의미가 되어 사회주의는 제품을 분석함으로써 자본주의전체를 비판하였던 것이다. 즉 제품일반을 분석함으로써 현재의 모든 사회현상 및 사회전체의 역사성까지도 볼 수 있는 것이다.

그런 의미에서 사회주의기업이 생산하는 제품의 기본원리인 노동가치론과 유물론은 사회주의적 계획경제체제가 가지는 사회적 기본원리가 되며 사회주의적 계획경제체제의 이러한 사회원리는 시간적 및 공간적인 차원에서 보편적으로 적용된다. 즉 노동가치론과 유물론은 사회주의적 계획경제체제의 모든 시대 및 모든 사회에 적용된다. 이와 같이 노동가치론과 유물론에 의거하여 사회주의적 계획경제체제는 탄생하였으며, 사회주의적 계획경제체제를 자본주의적 시장경제체제와 비교하기 위한 분석방법이 경제체제적 분석방법이 된다.

노동가치론과 유물론의 입장에서 자본주의적 시장경제체제를 분석한 결과 자본주의적 시장경제체제는 민간적 자본축적이 부의 불평등을 가져오고 노동자의 제품생산에 들어간 가치가 제대로 반영되지 아니한다는 결론을 얻었다. 그리하여 기업 등의 생산수단을 국유화하고 계획경제를 실시하였던 것이다.

물론 이와 같이 정교한 추론에 의해 사회주의적 계획경제체제가 탄생되었지만 자본주의적 시장경제체제가 가지는 만큼의 제품생산에 대한 효율성을 가지지 못하였다. 그리하여 사회주의적 계획경제체제와 자본주의적 시장경제체제의 교
교역방식 ☞ 역에서 교역방식은 사회주의적 계획경제체제의 원칙을 따르
교역기준 ☞ 고 교역기준은 자본주의적 시장경제체제의 원칙을 따랐다.

즉, 사회주의국가의 발전을 위해서는 우수한 생산시설과 첨단기술이 필요한데 사회주의국가의 비효율성으로 인해 이것이 부족하였고 이의 구입은 선진 자본주의국가의 대기업

에서의 수입으로만 가능하였다. 이러한 일방적 필요에 의한 사회주의국가의 소극적 수입정책으로 인하여 교역기준이 되는 제품가격은 자본주의기업이 원하는 기준인 시장가격에 의해 정해졌다.

그리고 교역방식에 있어서는 사회주의국가는 달러와 같은 자본주의국가의 경화가 부족하고 자본주의의 자본피해를 원하지 아니하기 때문에 자본주의국가의 경화는 물론이고 화폐자체도 전달되지 아니하는 구상무역방식을 택하였다.

경화를 받지 못한 채 제품수출에 연계하여 조악한 사회주의제품을 수입해야 하는 구상무역방식으로 인해 경화의 유입으로 이윤을 목적으로 하는 자본주의기업에게는 사회주의국가와의 교역을 원하지 아니하였으나 미래의 잠재시장개척을 위한 장기적 목적으로 구상무역을 받아들였다. 자신의 존립자체를 자신이 책임지는 일반규모의 자본주의기업으로서는 단기적 운영자금을 위해서도 제품수출로 인한 경화유입을 당연히 원하기 때문에 구상무역을 별로 선호하지 아니하였다.

단기적 운영자금 ☞

그러한 관계로 운영자본이 풍부한 대규모 자본주의기업만이 사회주의국가와의 구상무역을 할 수 있었다. 대규모 자본주의기업의 이러한 사회주의국가에 대한 잠재시장개척으로 인해 냉전 후 대규모 자본주의기업의 사회주의국가시장에 대한 진출은 큰 무리 없이 진행될 수 있었다(〈그림 39〉 참조).

〈그림 39〉 자본주의국가와의 교역방식

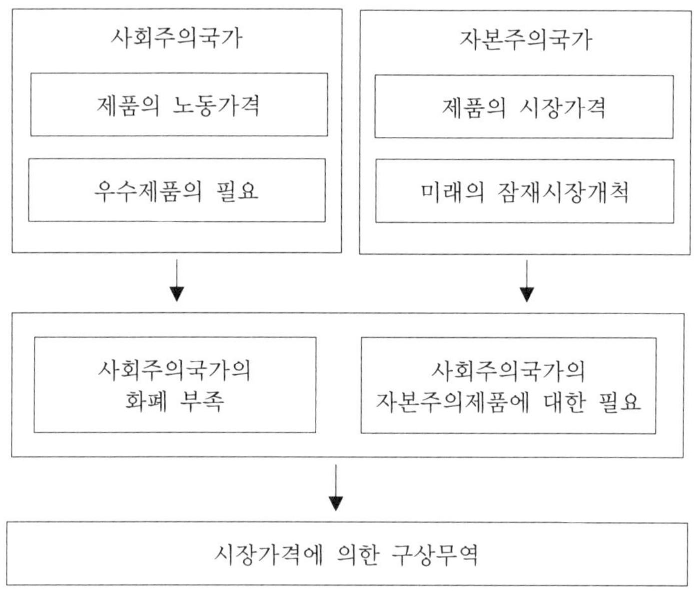

해외직접투자 ☞

사회주의국가의 자본주의국가와의 교역에 있어서 주의할 점은 사회주의국가는 자본주의기업의 해외직접투자를 금지하였다는 점이다. 왜냐하면 자본주의기업의 해외직접투자를 허용하게 되면 자본주의 기업인이나 기술자 및 종업원이 사회주의국가에 상주하게 되어 그들의 자본주의적 생활방식이 자국국민에게 부정적으로 영향을 미칠 가능성이 있고, 또한 해외직접투자에서는 자회사가 자본주의적 다국적기업의 모회사에 속하므로 자국내 모든 기업의 국가소유를 원칙으로 하는 사회주의국가의 기업소유방식에 위배되기 때문이다.

그 뿐 아니라 자본주의적 다국적기업이 모회사의 경영방식에 따라 자회사를 경영하려는 의도는 자국내 모든 기업을 국가계획에 의해 통제하려는 사회주의국가의 기업경영방식과 맞지 아니한다는 점도 그 이유에 속한다.

사회주의국가는 경제체제가 손상되지 아니하는 것을 전제로 한 상태에서 사회주의발전을 위해 선진 자본주의국가의 우수한 생산시설과 첨단기술을 수입하려는 소극적 대외교역을 원칙으로 하기 때문에 상기한 피해를 줄 가능성이 있는 자본주의기업의 해외직접투자는 금지하고 제품이나 기술의 수출·입만 허용하며, 수출·입도 화폐 특히 경화의 지불을 하지 아니하여도 되는 구상무역을 고집하였던 것이다(〈그림 40〉 참조).

〈그림 40〉 자본주의기업의 해외직접투자와 그 영향

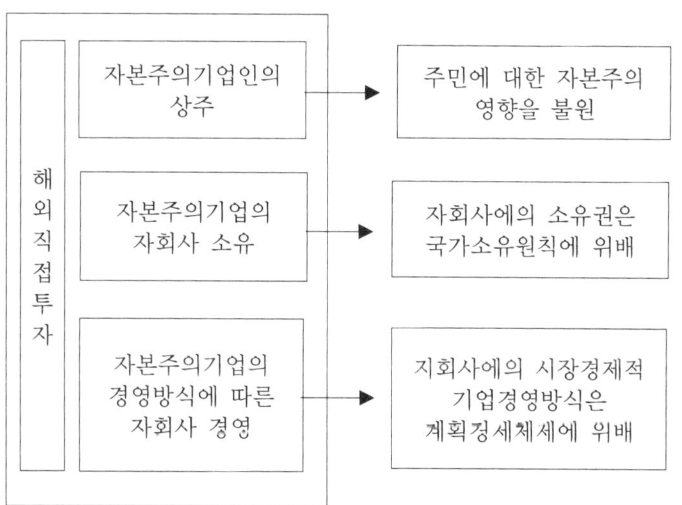

4.5 구상무역

4.5.1 구상무역의 파트너

경제체제의 유지 ☞ 제국주의적 착취 방지 ☞

구상무역이란 제품수출입에 대한 대가로 화폐의 지급이 이루어지지 아니하고, 화폐 대신 원자재 등의 물질로 지급하는 무역방식인데 사회주의국가는 구상무역을 통하여 자본의 확대로 인한 제국주의적 착취를 방지하고 자신의 경제체제를 유지하려고 하였던 것이다. 특히 사회주의국가는 자본주의국가와의 상이한 제품가격기준으로 인한 혼란과 대외교역을 통한 자금압박을 사회주의기업이 직접 당하지 아니하도록 하기 위해 사회주의국가는 국가계획 하에 있는 무역독점회사를 통해 구상무역을 하였다.

부족한 경화 보전 ☞
사회주의발전 ☞

구상무역제도를 이용함으로써 사회주의국가는 자본주의국가가 생산하는 우수한 생산시설 및 첨단기술의 도입할 수 있어 사회주의발전을 꾀할 수 있는 것과 동시에 부족한 경화를 보전할 수 있었다. 반면 대규모 자본주의기업 측면에서는 공급원을 확보하거나 대규모 잠재시장에 대한 이미지 구축을 위해 구상무역을 하는 경향이 있다. 수출품에 대한 화폐대신 지급받는 제품이 석유 등과 같이 국제시장에서 환금성이 높은 경우에는, 구상무역으로 인해 신규시장을 개척하는 측면도 있다.

사회주의국가가 자본주의국가와 구상무역을 하는 경우 구상무역의 당사자는 자본주의기업과 사회주의국가의 무역독점회사가 된다. 사회주의국가의 이론에 의하면, 모든 자본주의기업이 국내적으로 자본으로 인해 노동자의 노동착취를 하지만 그 중에서도 자본의 세계적 확장으로 인한 제국주의적 착취를 하는 기업은 국제화한 자본주의적 국제기업이며, 특히 대규모 자산을 가지고 전세계에 해외직접투자를 하고 있는 다국적기업의 경우 세계적 착취가 가장 심하다고 비판한다.

대규모 다국적기업 ☞

그러나 아이러니칼하게도 사회주의국가는 구상무역의 파트너로 대규모 다국적기업을 선호한다. 구상무역을 하는 경우에도 대규모 다국적기업이 일반적인 자본주의기업보다 사회주의국가가 필요로 하는 우수한 생산시설이나 첨단기술의 능력이 있기 때문이다. 사회주의국가는 국가의 모든 기업 및 국민에게 공급할 대규모 생산시설을 원하는데, 대규모의 생산시설을 가동할 수 있는 능력이 가능한 것은 대규모의 다국적기업뿐이다. 가능하면 자본주의기업과의 무역을 원하지 아니하는 관계로 사회주의발전에 반드시 필요한 우수한 품질의 제품 및 첨단기술만을 원하는데 이를 가진 것은 대규모 다국적기업뿐이기 때문이다.

또한 대규모 다국적기업은 여유자본이 풍부하고 국제화경험이 뛰어나 기업의 도산 및 무역에 대한 경험부족으로 인하여 발생할 수 있는 계약의 무효화에 대한 확률이 적기 때문에 사회주의발전이라는 진진을 위해 일보후퇴하여 대규모 다국적기업을 구상무역의 파트너로 선호하는 것이다.

전진을 위한 일보후퇴의 사회주의적 전략은 극복대상이 되는 자본주의와 교역하는 데에서 이미 찾아 볼 수 있다. 역사적으로 볼 때 사회주의국가의 설립자인 레닌과 모택동도 이러한 전략을 사용하여, 사회주의국가 설립을 위한 내전으로 말미암아 취약해진 국내경제를 살리려고 자본주의적 시장경제체제를 일시적으로 받아들이기도 하였다(〈그림 41〉 참조).

〈그림 41〉 사회주의국가의 다국적기업에 대한 입장

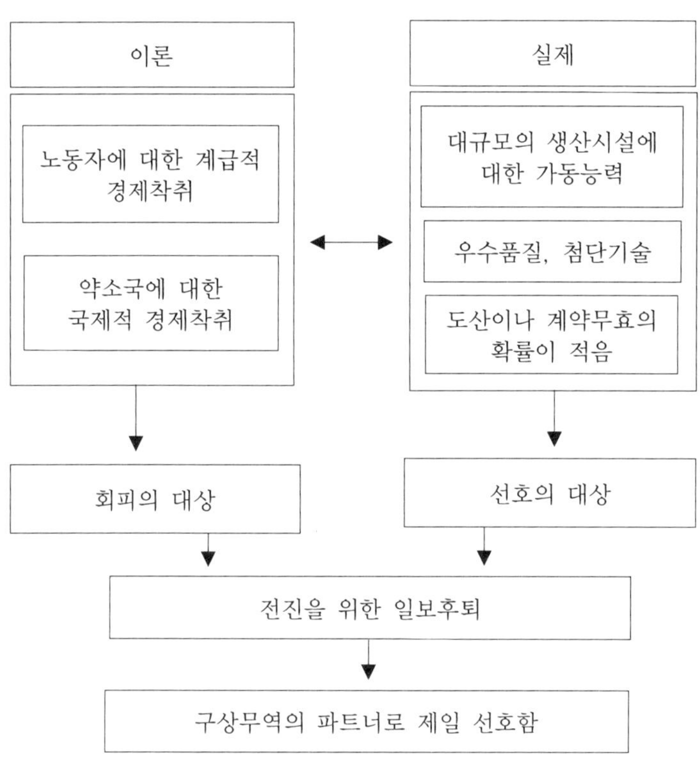

사회주의국가는 자본주의적 다국적기업과 구상무역을 하고 싶어하지만 사회주의국가와 자본주의국가의 경우라도 항상 구상무역이 이루어지는 것은 아니었다. 자본주의적 다국적기업의 사회주의국가에 대한 진출목적은 미래적 잠재시장의 개척보다는 현재의 이윤극대화이므로 세계적인 수준의 독점기술이나 독보적인 생산시설을 가진 경우에는 직접적인 경화결제를 원하였기 때문에 이러한 경우에는 구상무역이 일어나지 아니하였다.

현재의 이윤극대화 ☞

직접적인 경화결제 ☞

물론 다국적기업의 세계적 수준의 독점기술이나 독보적인 생산시설에 대한 수출이라도 사회주의국가에 대한 수출품목은 코콤(COCOM: Coordinating Committee for Export Control)의 제한을 받지 아니하는 범위에서만 가능하였다. 코콤품목은 처음에는 400여 종이었다가 사회주의붕괴 전에는 200여 종으로 줄어들었는데 특히 군산관련산업과 통신관련산업의 제품이 많았다.

코콤 ☞

이와 같이 코콤의 제한을 받지 아니하는 상태에서 다국적기업이 가진 기술이나 생산시설 면에서의 세계적 독점성과 사회주의국가에서의 절대적 필요성이 크면 클수록 다국적기업은 구상무역 대신 경화결제를 강하게 요구하였다. 사회주의국가로서도 사회주의발전을 통한 이상적인 공산주의사회로의 이행을 위해 다국적기업의 이러한 경화결제요구를 할 수 없이 받아 들여야 했는데, 그러한 이유로 인해 사회주의국가는 발전할수록 국제수지의 적자폭은 증대하였던 것이다.

이와 같이 사회주의국가는 화폐의 민간적 축적을 금지하고 자본주의적 화폐의 투기적 동기를 비판하는 관계로 국내에서는 화폐부족현상이 일어났다. 또한 자본주의국가와의 교역으로 인한 국제수지가 악화된 관계로 세계시장에서 통용되는 경화가 절대로 부족한 현상은 점점 더 심각하게 일어났다.

냉전 후 양 체제 간의 교류가 자유로워지는 즉시 사회주의적 계획경제체제는 북한과 쿠바를 제외하고는 현재의 세계에서 사라지는 결과를 가져왔는데 이는 어찌 보면 노동가치론과 유물론에 근거한 뒤 정교한 이론적 추론에 의해 구축된 세계와 기업의 효율성을 위한 세계간의 거의 100년간 계속되어온 싸움에서 적어도 현재의 세계인은 기업의 효율

기업의 효율성 ☞

성을 위한 세계를 택하였다는 것을 보여주는 것이다.

미래의 경제체제 ☞

사회주의국가시장 ☞

한 순간에 이루어진 사회주의국가의 붕괴 전에는 양 체제의 미래상에 대해 양 체제의 분리가 계속될 것이냐 서로 중간의 형태로 수렴할 것이냐 사회주의국가만 살아남을 것이냐 자본주의국가만 살아남을 것이냐에 대한 미래의 경제체제에 대한 논란이 많았는데, 대규모 자본주의기업은 마지막 네 번째의 형태를 예측하여 경화의 유입이 없는 상태에서 미래적 잠재시장개척을 위해 구상무역을 하였으며, 이는 적중되어 결국은 사회주의붕괴 직후 다국적기업은 이미 구상무역으로 인해 사회주의소비자에게 알려진 기업 및 제품의 이미지를 통하여 세계인구의 절반에 해당하는 대규모시장인 사회주의국가시장에 쉽게 진출할 수 있게 되었다. 결과적으로 볼 때 다국적기업은 사회주의국가가 제안한 구상무역제도를 대규모 사회주의국가시장에 진출하기 위한 교두보전략으로 이용하였던 것이다.

4.5.2 구상무역의 형태

4.5.2.1 바터방식

바터방식(barter)이란 화폐의 지불 없이 제품 대 제품의 교환으로만 이루어지는 방식이다. 예를 들자면, '가'국의 A기업이 제품 a를 '나'국에 수출하고, 그에 대한 대금을 대신해서 '나'국의 B기업으로부터 제품 b를 수입하는 것이다. 수입국을 사회주의국가로 본다면 사회주의국가인 '나'국에서는 B기업이 직접 수출하거나 수입하는 것이 아니라 무역독점회사가 중간에 개입한다. 무역독점회사는 사회주의국가

내 여러 기업의 제품을 수합하여 수출입을 하며, 가능하면 1회 거래액의 차이가 나지 아니하는 선에서 구상무역을 하지만 거래액의 차이가 있는 경우에는 계정의 차액을 결제하기 위한 화폐의 지불이 불가피하다. 이는 구상무역의 이론적 모델에 가까운 순수형태로서 현실적으로는 별로 이루어지지는 아니하는 형태이다(〈그림 42〉 참조).

〈그림 42〉 구상무역의 이론적 모델인 바터

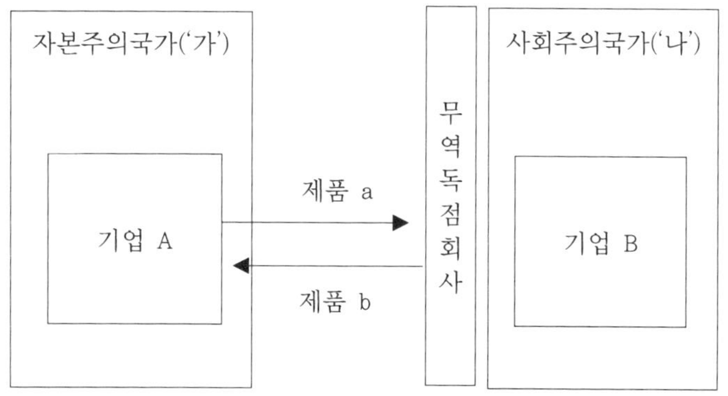

* 제품a와 제품b는 독립된 제품임.

순수 이론적 모델에 가까운 바터무역에서도 1회 거래액의 차이가 나는 경우에는 계정의 차액을 결제하기 위한 화폐의 지불이 불가피하다고 하였는데, 1년에도 수백 회 이상의 거래가 이루어지는 현실에서는 구상무역에서 가장 화폐의 지급을 하시 아니한다는 바터무역조차도 화폐가 부족한 사회주의국가에게는 커다란 부담이 된다. 그리하여 1년과 같이 일정기간을 정하여 그 기간의 총수출액과 총수입액의 차이에 대해서만 화폐를 지불하는 방식으로 구상무역을 할 수 있다. 이와 같이 일정기간마다 계정의 차액을 결제하는 방식을 청산방식의 구상무역이라고 한다. 이 방식은 거래의 포괄성으로 거래가 편리하다는 장점이 있으나 은행거래 비용 등 제반비용이 많이 들고 상대국의 계약불이행 등이 있험을 수반하는 단점이 있다.

특히 사회주의국가에서는 국가가 전체기업을 대신하여 무역을 하므로 1년 동안의 총수출액과 총수입액의 차이가 상당히 커질 수 있어 지불불이행의 위험이 발생할 가능성이 높다. 이러한 경우를 방지하기 위해 계약기간이라 하더라도 차액이 일정액수를 넘으면 자동적으로 차액을 결제하도록 계약을 한다. 이를 스윙(swing)방식의 구상무역이라 한다.

물론 지금까지 바터방식과 결부하여 설명한 청산방식과 스윙방식의 구상무역은 바터방식 뿐 아니라 모든 구상무역의 형태에 적용된다(〈그림 43〉 참조).

〈그림 43〉 구상무역체계

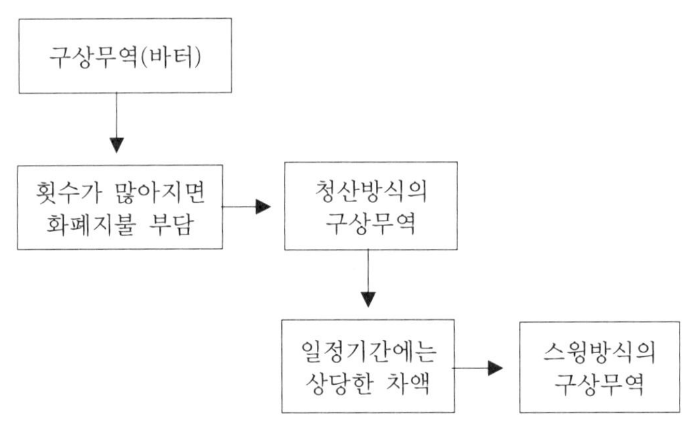

4.5.2.2 대응구매

대응구매(counter purchase)는 구상무역 중에서 가장 빈번하게 일어나는 형태이다. 아래 그림에서 보는 바와 같이 자본주의국가인 '가'국의 A기업 제품 a를 수출하기 위해서 우선 선구매로서 사회주의국가인 '나'국의 B기업 제품 b를 먼저 수입하고 이에 대한 대금의 결제를 한다. 그 후 대응구매로서의 제품 a의 수출이 이루어지고 그만큼의 대금을 화폐형태로 받게 된다. 이 경우 두 개의 개별계약이 성립되게 된다. 즉 '가'국의 입장에서 보면 제품 a의 수출계약과 제품 b의 수입계약이 이루어지는 것이다. 이러한 경우 외화가 부족한 사회주의국가는 결과적으로 화폐의 유출 없이도 수입을 할 수 있고, 자본주의기업의 입장에서는 외화가 부족한 나라에도 수출을 할 수 있다. 물론 이에도 청산방식 및 스윙방식은 적용된다(〈그림 42〉 참조).

〈그림 42〉 대응구매

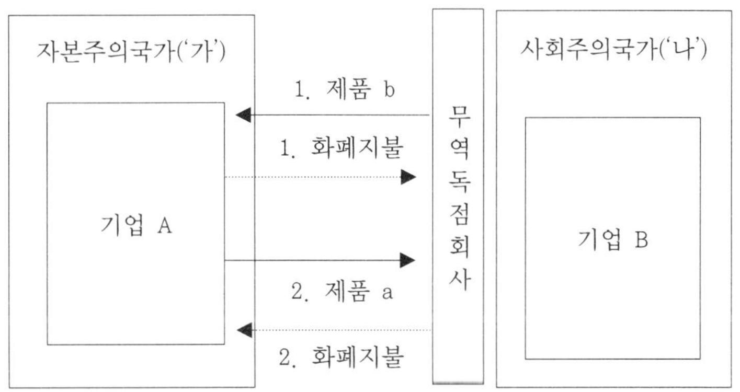

* 1은 선구매, 2는 대응구매임.
* 제품a와 제품b는 독립된 제품임.

4.5.2.3 환매

환매방식(buy-back)은 수출대상국에 대하여 제품의 생산설비나 그 밖의 지하자원개발에 필요한 시설 등을 시공해 준 뒤 그 시설재에 대한 결과로서 발생하는 결과재(結果財)로서의 제품 혹은 지하자원 등을 일정한 기간동안 무상이나 할인된 가격에 수입하는 환매(還買)방식으로 이루어지는 거래이다.

아래의 그림으로 설명을 하자면 자본주의국가인 '가'국의 A기업이 사회주의국가인 '나'국에 제품생산에 필요한 설비로서의 제품 a를 수출하고, 그 설비에서 생산된 결과물인 제품 a´를 일정기간동안 무상으로 혹은 상당히 할인된 금액에 수입하는 경우가 되겠다. 여기서 제품 a를 수출한다는 말은, 물론 a라는 생산설비나 자원개발시설을 건설해준다는 것을 뜻한다. 이 경우 결과재를 수입한 나라는 그 제품을 그 나라에서 소비하거나, 제3국에 판매할 수 있다. 이러한 제품환매의 경우 단순하게 무역의 형태로 이루어지기도 하지만, 합작투자와 관련하여 여러 나라가 개입하여 복잡하게 진행되는 경우도 많다.

이 경우 시설재 수출국인 자본주의국가에게는 금지된 형태인 해외직접투자와 같은 방식으로 사회주의국가에 진출할 수 있을 뿐 아니라 그 국가로부터 계약의 안정성을 제공받을 수 있는 장점이 있다. 또한 시설재 수입국인 사회주의국가에게는, 외화의 유출 없이도 우수한 자본주의제품과 같은 생산설비를 국내로 유치하여 자본주의제품의 수입방식으로는 얻지 못하는 자본주의국가의 제조기술 및 경영기술의 습득을 할 수 있다는 장점이 있다(〈그림 43〉 참조).

〈그림 43〉 제품환매

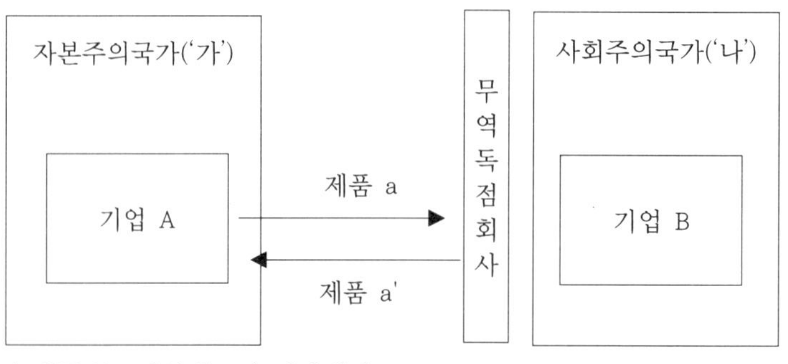

* 제품a'는 시설재 a의 결과재임.

4.5.2.4 상계무역

아래 그림에서 볼 수 있듯이 상계무역방식(off-set)은 자본주의국가인 '가'국의 A기업이 완제품 a를 수출하고, 대금결제 없이 사회주의국가인 '나'국으로부터 그 완제품의 부품 a"를 수입하는 방식이다. 만약 '가'국이 완제품 항공기를 수출하는 경우라면 '나'국으로부터는 항공기의 부품을 수입해 오는 것이라고 할 수 있다. 이러한 형태는 첨단기술을 요하는 항공, 군사, 컴퓨터 산업분야에서 주로 이용된다.

상계무역은 다른 구상무역의 형태와는 달리 수입국에서 생산하는 a"가 수출국의 완제품a의 생산에 필요한 부품이므로, 부품 a"의 품질수준은 완제품 a의 품질수준에 적합하여야 하는 조건이 있다. 즉 수입국인 사회주의국가가 생산하는 부품a"의 품질수준이 수출국인 자본주의국가가 생산하는 완제품 a의 품질수준에 맞을 때에만 가능한 방식이다. 그런데 사회주의국가가 자본주의국가로부터 수입하는 제품은 다른 사회주의국가에서는 그 정도의 제품을 생산할 수 없는 경우에 한하므로 부품 a"의 품질수준은 매우 높아야 하는 것이다.

사회주의국가가 이 방식을 택하는 이유는 외환의 절약 뿐 아니라 비록 부품기술에 한하지만 자본주의국가로부터 우수한 기술을 전수받을 수 있는 장점이 있기 때문이다(〈그림 44〉 참조).

〈그림 44〉 상계무역

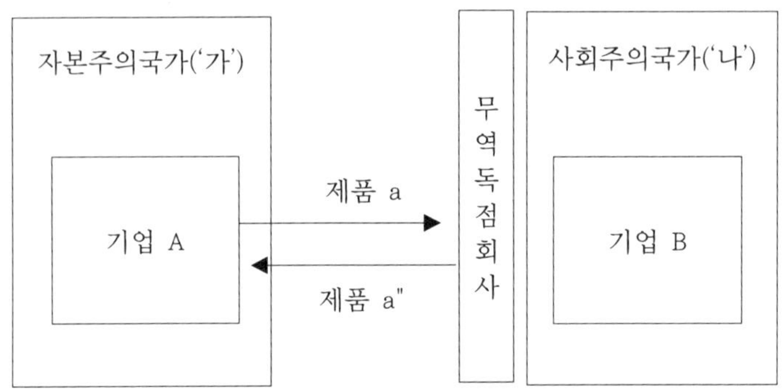

* 제품a"는 완제품a의 부품임.

4.5.2.5 스위치무역

스위치무역(switch trade)이란 〈그림 45〉와 같이 제품수출에 대한 대금결제에 있어서 연화를 경화로 바꾸어주는 스위치은행의 중개로 이루어지는 무역을 말한다. 스위치무역에서는 대금결제가 이루어지므로 화폐의 유출을 원하지 아니하는 사회주의국가로서는 자신이 청산무역의 형태로 채권국으로서의 위치에 있는 제 3국인 채무국에 대해 가지고 있는 플러스 계정을 상쇄함으로써, 구상무역의 형태를 취하게 된다. 즉, 보통 수출국과 수입국 사이에 수입국의 청산채무국인 제 3국이 개입함으로써, 구상무역의 형태가 되는 것이다.

〈그림 46〉에서 보듯이, 자본주의국가인 '가'국이 경화부족의 사회주의국가인 '나'국에 제품을 수출했을 때 '나'국은 세계시장경제에 편입된 제 3세계 국가인 '다'국과의 청산계정에 있어서 가지고 있는 청산채권금액에 대해, 스위치은행을 거쳐 경화로 '가'국에 결제하는 방식이다. 이 거래를 통해 자본주의기업은 제품수출에 대해 경화를 지급받을 수 있는 이

점을 가지기 때문에 우수한 제품을 생산하지만 자금이 넉넉치 못한 자본주의기업에게는 매우 매력적인 방법이 된다.

또한 사회주의국가는 제3국의 개입을 통하여 비록 프러스 청산계정은 없어지지만 자신이 필요한 제품이 자금사정이 넉넉치 못한 자본주의기업에서 생산되는 경우에도 외화유출 없이 수입할 수 있는 장점이 있다. 물론 스위치은행의 경우는 중개수수료를 취득한다.

〈그림 45〉 스위치무역

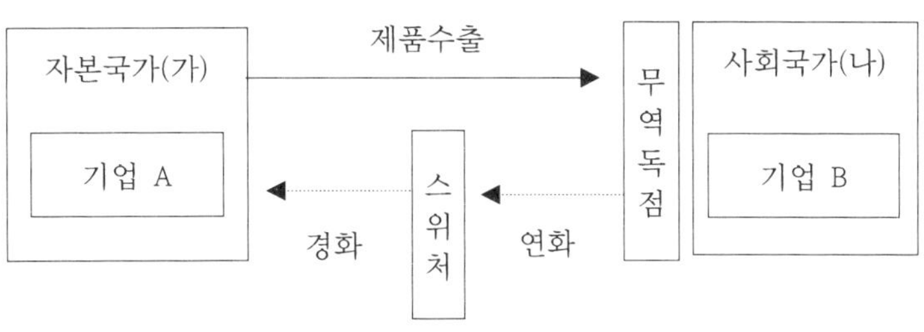

〈그림 46〉 청산결제를 통한 스위치무역

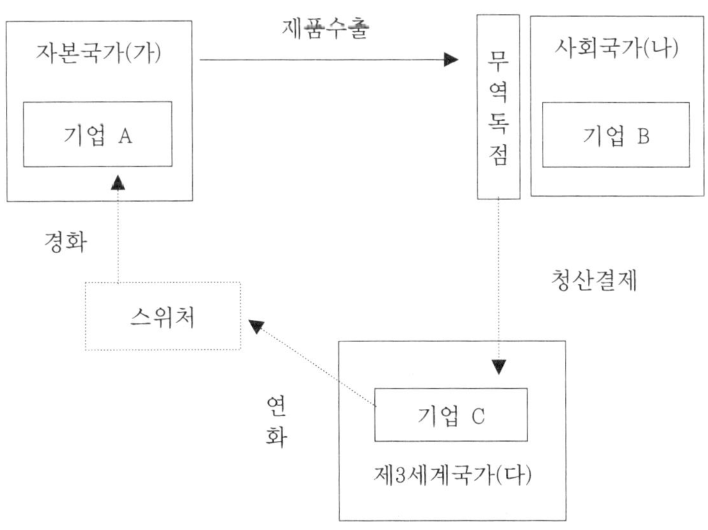

4.6 사회주의기업의 대외교역에 대한 장단점

4.6.1 장점

사회주의적 계획경제체제에서의 대외교역에 있어서는 국가차원에서의 무역독점회사를 통한 국내생산계획과 수출입계획의 유기적 결합으로 인하여, 모든 기업에 최적으로 필요한 제품을 수입할 수 있고 이를 통해 최대의 생산량증대를 할 수 있는 것이다. 외국기술도입에 있어서도 국가전체적인 입장에서 체계적인 도입을 할 수 있어 단위기업차원에서 수출입 및 기술도입을 하는 자본주의경제처럼 국가적인 차원에서의 중첩된 기술도입을 하지 않아도 되는 것이다.

또한 사회주의국가간의 국가협력을 통하여 사회주의국가 모두가 하나의 시스템으로 작동하게 하여 사회주의국가 전체의 입장에서 특화된 산업을 각 국가에 전담시킴으로써 사회주의국가전체의 유기적 발전을 꾀할 수 있게 하였다. 그리하여 어떤 산업에의 특화를 지정받은 국가는 각각 특화산업의 발전에만 전력하고 대량생산함으로써 각 국가는 특화산업의 연구개발이나 제품의 질적 향상 및 비용절감의 효과를 얻을 수 있었다.

특히 자본주의체제의 단점인 세계적 공황이나 일정국가에서 일어나는 모라토리움과 같은 금융경색을 미연에 구조적으로 방지할 수 있다는 장점을 가진다. 이는 자본주의적 시장경제체제의 근본인 자본, 즉 생산수단에 관계된 화폐의 축적을 사적으로 인정하지 아니하고 국가기금으로 관리하였기 때문에 나타나는 당연한 결과이다. 사회주의적 계획경제체제에서는 화폐의 사적인 투기적 소유를 금지하였기 때문에 자본주의국가에서 발생하는 자본의 국제간의 단기적 이동의 사회주의국가에로의 유입을 금지하고, 사회주의국가간에는 각국의 국가계획에 맞추어 대외교역을 실시하였으며, 가능한 화폐의 이동을 배제한 구상무역의 형태로 제품의 수출입을 하였던 것이다. 사회주의국가간의 해외직접투자의 경우에 있어서도 사회주의국가간의 국가간 계획에 의하여 특정한 국가에서만 제품을 생산하고 그 나라에서 생산된 제품은 또 다른 특정국가에서 생산된 다른 제품과 교환되었기 때문에 사회주의국가간의 화폐이동은 없었다. 이리하여 사회주의국가에서는 자본주의국가나 사회주의국가와의 화폐이동이 거의 없었으며, 이 결과 자본주의국가에서 일어나는 자본이동에 의한 금융경색이 사회주의국가에서는 근본적으로 일어날 수 없는 장점을 가졌던 것이다(〈그림 47〉 참조).

〈그림 47〉 사회주의국가 대외교역의 장점

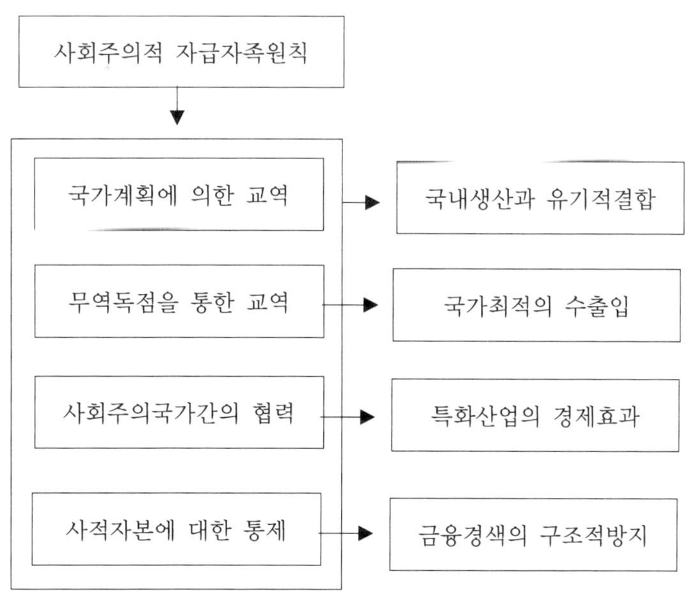

4.6.2 단점

사회주의국가는 사적 자본으로 인한 노동착취의 세계적 확산의 피해를 막기 위해 국가차원의 자급자족의 원칙과 사회주의권 국가만의 국제협력을 고수한 상태에서 사회주의권에서 부족한 대부분의 제품에 대해서는 자본주의국가로부터 자본주의제품간의 경쟁을 통해 수입하였다. 이 부분에 대해서는 구상무역을 통해 수입을 하였기 때문에 사회주의권의 외화유출은 없었다. 그러나 세계적 독점위치를 가진 자본주의기업의 첨단제품 및 대규모 생산시설에 대해서는 외화를 지불하여야 하였는데, 이 결과 사회주의개혁을 하면 할수록 자본주의기업에 대한 외화의 부채는 늘어만 갔으며 이 결과 사회주의국가는 만성적인 국제수지의 적자에서 헤어나지 못하게 되었다.

사회주의국가의 수출입에 있어서는 국가차원에서의 국가계획에 의해 대외교역이 이루어진 관계로 국내 전체기업에 대해 공통적으로 필요한 수입품 및 기술도입은 이루어진지는 몰라도 기업마다의 독창적이면서도 전문적인 제품개발을 위한 대외교역은 거의 이루어지지 아니하였다. 이리하여, 국내의 국민전체에 대한 생필품보급의 생산량증대라는 목표는 이루어졌을지라도 세계수준에서의 경쟁력 있는 제품개발은 상상하기조차 힘든 상태가 되었다. 그만큼 사회주의제품의 기능, 품질 및 디자인은 국제경쟁력 면에서 크게 뒤떨어지게 된 것이다.

또한 사회주의국가간의 협력으로의 해외직접투자로 인한 국가간 특화산업도 특정한 산업의 연구개발이나 제품생산에 있어서 특정한 나라에서만 배당받았기 때문에 하나의 국가에 대한 산업의 사회주의국가 간 독점성으로 인해 오히려 연구개발 및 제품의 질이 떨어지는 결과를 초래하였다. 사회주의적 계획경제체제에서는 국내에서뿐만 아니라 국가간에서도 경쟁이 없었던 것이다.

자본주의적 시장경제체제에서의 자율적 기업경영과 자유경쟁은 기업의 창의성 및 제품혁신과 생산시설확충에 대한 압박효과를 동시에 가져와 기업은 이윤의 최대화를 위한 능동적인 면과 기업의 존립을 위한 수동적인 면에서 모두 신제품개발과 생산성향상을 위해 노력하게 되었던 것이다. 이리하여 자본주의적 시장경제체제에서는 기능, 품질 및 디자인 면에서 국제경쟁력이 있는 제품을 생산할 수 있는 기업만이 살아남을 수 있는 것이며, 그만큼 자본주의제품은 국제경쟁력을 가지고 있는 것이다. 사회주의적 계획경제체제의 기업경영 및 대외교역은 자본주의적 시장경제체제의 국가독립적인 기업의 생산성향상으로 인한 국제경쟁력을 간과하였던 것이다.

이러한 결과는 사회주의국가간의 협력만 존재하고, 자본주의국가와의 자유로운 교류가 아주 제한되었을 경우에는 전혀 문제점이 없었으나, 그라스노스트(개방) 이후 자본주의국가의 제품의 자유로운 유입이 이루어지자 자본주의제품과 사회주의제품의 질적 차이는 극명하게 나타났으며, 이는 사회주의체제의 몰락으로 가져오는 결과를 가져오게 된 것이다. 아무런 경쟁 없이 생산되어진 사회주의제품이 자본주의전체세계의 치열한 경쟁 속에서 세계적 독점우위가 있어야만 살아남았던 자본주의제품과 판매경쟁을 벌였던 결과였다.

특히 자본주의적 화폐의 기능을 비판한 사회주의적 원칙에 의해 국가적 차원에서 화폐의 발행을 최소화하고 개인과 기업의 사적인 화폐축적을 금지한 상태에서 사회주의국가는 급격하게 대외개방을 실시하여 우수한 자본주의제품이 거의 무제한 사회주의국가로 진출하였다. 그 결과 자율경영의 독립채산제의 사회주의기업은 국가기금으로부터의 재정지원도 받지 못한 채 사회주의제품은 우수한 자본주의제품에 밀려 거의 판매되지 못하였다. 이리하여 사회주의기업은 운영자금이 부족하여 임금은 물론 제품생산을 위한 원자재나 부품을 구입하지 못하는 지경에 이르렀다. 이와 같이 국가적 차원에서의 사회주의이론에 의한 화폐발행부족과 개인과 기업차원에서의 제품판매의 미진으로 인해 사회주의국가에서는 개방 후 국가차원에서나 기업차원에서 아주 혹독한 자금경색의 시련을 당하였다.

국제경쟁력이 거의 없는 사회주의기업의 제품판매미진과 자금경색으로 인하여 개방 후 상당히 많은 사회주의기업은 도산하게 되었다. 결국 이러한 기업의 도산으로 인하여 사회주의권의 국민들은 사회주의적 계획경제를 불신하게 되었으며 결국 사회주의적 계획경제체제는 몰락하게 된 것이다(〈그림 48〉 참조).

〈그림 48〉 사회주의국가 대외교역의 단점

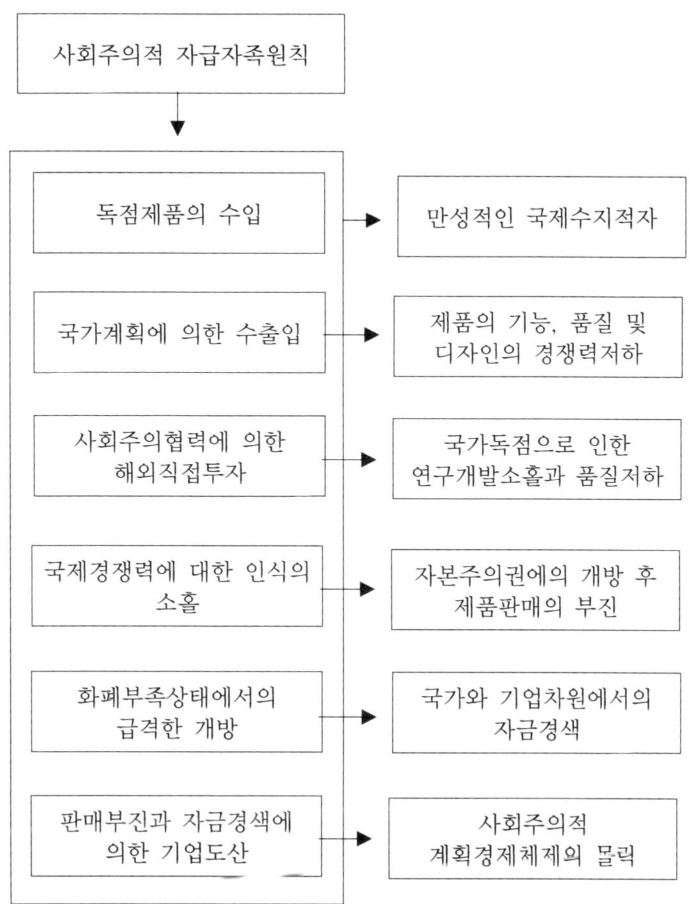

참고문헌

· 김상겸 (2005), “북한의 가격체계”, 내: 「현대북한경제론 (편: 북한경제포럼)」, 오름. pp.399-440.

· 김시중 (2005), “국유기업개혁의 전개”, 내: 「현대중국경제(저: 유희문 외)」, 교보문고. pp.181-225.

· 박상길 (2006), “개성공단을 통한 남북교역 증대방안”, 국제고려학회 논문집, 제 7호, 국제고려학회 서울지회. pp.185-207.

· 박진근 (1988), “동구제국의 대외무역 - 원리, 효과 및 한계성”, 내: 「동구경제론 (연세대학교)」, 법문사. pp.129-134.

· 베르너/ 굼펠 (1989), 「동유럽 경제권 - 사회주의 경제제도 (역: 유임수, 민경국)」, 학문사. pp.109-123.

· 성일석 (2006), “남북경협의 활성화를 위한 개성공단의 역할”, 국제고려학회 논문집 제 7호, 국제고려학회 서울지회. pp.157-184.

· 오용석 (1988), 「공산권 경제의 탈마르크스 경제학: 소련, 중공, 동구경제의 운용 원리와 개혁의 논리」, 슬라브연구사. pp.300-308, pp.339-341.

· 이상준 (1988), 「공산권교역 - 그 본질과 전망」, 매일경제신문사. pp.113-156.

· 조규진 (1997), “중국, 러시아 및 북한의 자유경제지대에 관한 비교 연구”, 광운대, 인문사회과학 논문집, 26권, pp.179-199.

· 조규진 (1998), “러 · 중 · 북한의 대외교역에 대한 발전과정”, 한국경영사학, 경영사학, 18권, pp.169-188.

· 조규진 외 (1997), 「무역학 개론」, 비봉출판사. pp.208-299.

· 주정옥 (1998), 「소련무역론」, 협동연구원. pp.18-83, pp224-244.

· 최성 (1990), “사회주의권의 개혁과 비교사회주의 방법론”, 내: 「현대사회주의의 비교연구 (최성 편)」, 학민글밭. pp.9-88.

· 하이에크 (1990), 「자본주의냐, 사회주의냐(역: 민경국)」, 문예출판사. pp.103-150, pp.189-264.

· 함건식 (1985), 「국제가치론: 불평등교환의 이론분석」, 지양사. pp.138-265.

· Bohunsky, H. (1977), "Besondere Zahlungsformen im Ostwestgeschäft", in: *Praxis des Ostwesthandels* (ed.: Lange-Prollius, H.), Düsseldorf-Wien, pp.349-360.

· Brus, W./ Laski, K. (1990), *Von Marx zum Markt - Der Sozialismus auf der Suche nach einem neuen Wirtschaftssystem* (Übers.: Zendron, S.), Marburg. p 26.

· Damus, R. (1979), *RGW - Wirtschaftliche Zusammenarbeit in Osteuropa*, Opladen. pp.11-77.

· Gutmann G. (1981), *Volkswirtschftslehre - Eine ordnungstheoretische Einführung*,

Stuttgart. pp.29-54.
· Joe, G.-J. (1989), "Marketing in Koreanischen Unternehmen; Marketingstrategie der koreanischen Unternehmen als Weltmarktherausforderer gegenüber kapitalistischen und sozialistischen Ländern", Zeitschrift für Wirtschaftswissen- schaften (Korea), Vol. 7, pp.93-106.
· Kiesewetter, B. (1960), *Der Ostblock - Außenhandel des östlichen Wirtschaftsblockes einschließlich China*, Berlin, Safari Verlag. pp.76-112.
· Meyer, H. (1990), UdSSR (Osteuropäische Länder), in: *Wirtschaftslage* (BfAI), Nr. 27.021.90.100, p 27.
· Seliger, K. (1990), "Das lange Leben des "sterbenden Kapitalismus" - Neue Bewertungen sowjetischer Ideologen", in: *Osteuropa*, 40. Jg., H. 6, pp.554-556.
· Shan, Weijian (1989), "Reforms of China's Foreign Trade System: Experiences and Prospects", *China Economic Review*, Vol. 1, No. 1, pp.35-37.
· Sik, O. (1987), *Wirtschaftssysteme: Vergleich - Theorie Kritik*, Berlin, Springer Verlag. pp.17-58.
· UN-Committee on the Development of Trade (1985), *Marketing Management in East-West Trade*, Geneva. p 13.
· Wilczynski, J. (1974), *Das sozialistische Wirtschaftssystem* (Übers.: Eekhoff, G.), Köln. p 203.

제5장
사회주의기업에 대한 개혁

5.1 사회주의적 계획경제체제에서의 기업개혁

5.1.1 국가차원의 위기

국가소유의 사회주의기업은 기업의 계속적인 유지 및 기업구성원에 대한 종신고용을 국가가 보증하는 관계로, 기업도산의 위험 및 종업원의 해고위험은 거의 없다. 이러한 개별기업 및 개인의 위기감에 대한 인식부족은 기업전체의 효율성저하를 가져왔으며, 이는 곧 국가차원에서 볼 때 국가경제의 침체라는 위기를 가져왔다. 기업이나 개인이라는 개별단위의 위기감 결여는 국가라는 개별단위의 복합단위에게는 위기가 된다는 역설적인 현상을 가져온 것이다.

사회주의권 국가들의 설립 후 얼마가지 않아 사회주의적 계획경제체제의 이론에 의한 기업경영으로서는 모든 사회주의기업의 생산성이 떨어질 수밖에 없다는 국가차원의 위기를 인식하기 시작하였으며, 사회주의국가들은 사회주의적 계획경제체제를 유지하는 상태에서 기업개혁에 대한 필요성을 절감하기 되었다. 이러한 사회주의적 계획경제체제에서의 국가적 경제침체위기는 다음과 같이 사회주의적 계획경제체제의 기본전제인 노동가치설과 유물론이 가지는 경제체제의 자체의 비효율성으로 말미암은 사회주의기업의 생산성저하에서 발생한 것이다(〈그림 49〉 참조).

〈그림 49〉 국가차원 위기의 원인과 결과

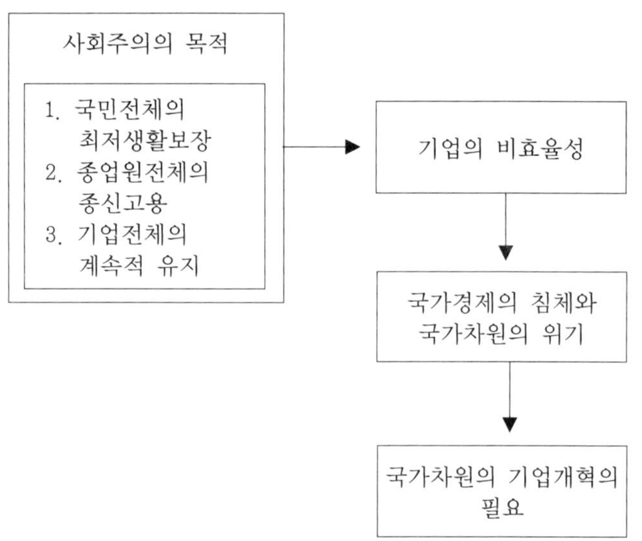

물질재의 생산 ☞

사회주의적 계획경제체제의 기본전제 중의 하나인 유물론의 입장에서 볼 때 물질재의 생산만 생산개념으로 인정할 뿐 서비스재의 생산이나 정신노동의 공헌도는 생산으로 인정하지 아니하여 기업의 경영에 대한 특별한 보수란 존재하지 아니한다. 제품의 가치도 이와 같이 육체노동자가 물질적 제품을 만드는데 드는 평균노동시간을 기준으로 계산하는 유물론적이면서도 공급자위주의 개념이기 때문에 정신적 노동과 함께 서비스재나 정보재 등의 비물질적 재화는 무시되었을 뿐 아니라 시장소비자의 다양한 욕구 및 미래의 잠재적 욕구 또한 제품의 개념에서 철저히 소외되었다.

또 하나의 기본전제인 노동가치론에 의거하여 볼 때 노동자의 생산에 대한 보수는 최저생활비를 보장하는 상태에서 물질적 재화의 생산에 대한 사회적인 평균노동량, 즉 하나의 물질재화를 생산하는데 드는 종업원의 노동시간을 사회적으로 평균한 노동량을 근거로 결정된다. 게다가 제품의 가치가 거의 동일한 육체노동을 상정한 사회적 평균노동량을 기초로 계산된 국가고시가격으로 현시화되었기 때문에 국가고시된 제품의 고정가격은 소비자욕구는 말할 것도 없고 생산시설의 노후화정도 차이 및 공장자동화 정도차이에 따른 제품의 서로 다른 품질의 정도조차 반영하지 못하였다.

국가고시가격 ☞

모든 노동자는 기업에 취직되며 종신고용되었다. 그 뿐 아니라 경영자의 기업도산위험에 대한 대가 및 위기경영에 대한 보수가 계상되지 아니하여 최고경영자와 일반육체노동자의 임금격차 또한 그리 크지 아니하였다. 이는 과잉고용된 상태에서 노동자와 경영자의 태만을 동시에 불러일으켰다. 이와 같이 사회주의적 계획경제체제의 노동가치론과 유물론은 사회주의기업의 비효율성의 근본원인이 되었으며, 이는 곧 사회주의기업 전체에 대한 위기로 나타났던 것이다.

과잉고용 ☞

또한 사회주의적 계획경제체제 하에서의 기업은 국가기금에 의해 기업이 설립되는 관계로 개별기업으로 볼 때는 창업비부담이 없으며 이윤이 생기면 국가기금에 이전시킨다. 기업도산의 위험이 발생할 때는 국가기금에서 그 위험을 보전하여준다. 이러한 사회주의체제의 국가소유원칙과 국가기금에 의한 위험보전원칙은 기업창업이나 기업의 확장에 대한 회피 뿐 아니라 신제품개발에 대하여서도 등한시하는 결과를 가져왔다.

위험보전원칙 ☞

사회주의기업은 국가계획지표의 생산량에 대한 기준달성 및 초과달성을 목표로 하였기 때문에 제품의 품질이나 외적 포장에는 전혀 신경을 쓰지 아니하였으며 판매량이나 판매액 및 기업의 이윤에는 전혀 신경을 쓰지 아니하였다. 기업이 생산하여야 할 제품의 종류 및 제품의 양을 결정할 중앙조사기관 및 정부계획기관의 정책입안자는 사회주의이념에

정책입안자 ☞

투철하면서도 정치지향적인 공무원이 대부분이어서 기업의 생산성 개념은 국가계획에서 많은 경우 배제되었을 뿐 아니라 개별적인 기업의 사정에 맞는 시의적절한 의사결정을 내리기도 어려웠다. 계획경제체제에서 기업의 위치란 국가조직의 한 단위부분에 해당하며 국가계획지표를 달성하는 기관에 불과하기 때문에 기업경영자는 국가계획의 목표달성 및 당강령의 준수에만 신경을 썼지 기업의 생산성에는 별로 신경을 쓰지 못하는 결과를 가져왔다.

국가부속기관 ☞

사회주의기업은 생산성 향상을 위한 국가독립적인 단위기관이라는 성격보다는 국가경제전체의 평등이념을 실현하기 위한 국가부속기관으로서의 성격이 더 나타났다. 이로 인해 모든 사회주의기업은 총체적으로 비효율성을 나타내었으며, 이는 사회주의적 계획경제체제의 국가적 경제침체위기로 나타났던 것이다. 사회주의적 계획경제원리에 따른 기업운영의 특징을 보았듯이 기업이 국가에 소유된 관계로 기업운영방식에서 이자 지대 및 이윤이 국가기금과 연결되고 의사결정체계가 집중적인 관계로 사회주의기업의 비효율성은 바로 국가경제시스템 전반에 걸쳐 구조적인 비효율성으로 나타났으며 이 또한 국가경제침체의 원인이 되었다.

이론적 비효율성 ☞

이러한 사회주의적 계획경제체제의 이론적 비효율성으로 인한 사회주의적 국가경제침체의 위기를 극복하기 위해 사회주의국가에서는 기업의 국가소유 및 국가계획에 의한 경제조정이라는 큰 틀은 유지하는 선에서 기업개혁제도의 필요성이 대두되었다.

5.1.2 기업개혁제도의 기초

이러한 국가경제시스템 전반의 구조적인 비효율성으로 인한 국가적 경제침체의 위기를 극복하고자 대부분의 사회주의국가는 사회주의적 계획경제체제를 유지하는 선에서 국가전체차원에서 기업운영에서의 효율성을 높이려는 경제개혁을 단행하였다. 경제체제를 유지하는 선에서 국가적으로 기업개혁에 대한 제도를 실시하였던 것이다.

경제체제의 기초 ☞

기업이 국가에 소유되고 경제조정이 국가계획에 의한다는 경제체제의 기초는 그대로 둔 채 기업운영과 국가기금과의 연결고리 중 이윤에의 국가관여를 끊고 경영자로 하여금 사회주의원리에 따른 개혁 전의 기업운영보다는 비교적 스스로 결정하게 하였다. 기업의 국가소유제도와 국가기금제도 및 제품가격의 국가고시가격제도는 그대로 두고 국가계획으로의 경제조정에 관한 부분 중 기업의 자율경영 및 소비자에 대한 판매성과의 중요성을 인식하기 시작하였던 것이다. 즉, 국가계획에 의한 경제조정에 관한 부분 중 기업의 중앙집권적 경영방식 및 생산량 성과방식를 폐지하였던 것이다. 이리하여 체제변환 전에 실시하였던 기업개혁에서는 기업운영에서의 생산성향상을 위해 이윤의 역할을 중요시하게 되었다.

기업에 대한 성과기준의 관점에서 볼 때 기업개혁을 통해 사회주의이론의 단위당 가격을 고려하지 아니한 생산량기준에서 국가기금으로 들어갈 계약액 또는 임대비를 제외한 상태에서의 단위당 가격에다 판매량을 곱한 판매액기준으로 바뀌었다. 그리하여 과거의 국가집중적 경영의 국가계획에 따른 제품생산량지표는 없어지고 기업과 국가와의 관계에서는 기업의 판매액에 의한 이윤에서 국가기금에 납부되는 금액이 중요하게 되었다. 이를 위해 기업의 자율적 경영의 중요성은 자동적으로 부각되었다. 기업의 운영성과가 좋아 총이윤이 많이 생기면 그만큼 기업이 처리할 수 있는 순이윤은 많아지게 되었다. 사회주의이론에서는 생산기금부과금이 총이윤의 크기에 비례하였지만 기업개혁제도의 기본적인 방향은 생산기금부과금을 총이윤과 관계없는 절대액으로 바꾸는 것이었기 때문이다.

이와 같이 기업의 국가소유와 국가계획에 의한 경제조정이라는 큰 틀은 변하지 아니하였지만 이윤을 중요시하고 생산량중심에서의 판매액중심으로 변환하는 기업개혁제도의 기조는 단위기업으로 하여금 판매액 증가를 통한 이윤추구동기를 가지게 하고 이를 통해 기업의 생산성향상을 꾀하자는 것이었다. 판매액 증가를 통한 이윤추구동기는 기업으로 하여금 스스로 시장의 성향 및 소비자욕구를 조사하게 하였으며 이는 곧 제품의 다양성 및 품질의 향상을 가져오게 하였다. 그렇더라도 국민전체에 대한 의식주, 교육 및 의료 등에 대한 최저생활보장과 국가전체기업에 대한 계속적 유지의 보장을 위해 기업은 자신의 총이윤에서 상당부분을 국가기금에 납입해야만 하기 때문에 기업개혁을 통한 기업의 생산성향상은 상당히 제한적이었다.

이윤추구동기 ☞

생산성 향상 ☞

이러한 사회주의이론의 생산기금부과금에 대한 총이윤에의 비례적인 연결고리는 판매액 증가를 통한 이윤추구동기를 지향하는 경제개혁제도를 통하여 단절되었다. 연결된 고리의 단절방법은 국가소유의 기업경영자가 국가와의 일정기간의 계약에 의해 생산기금부과금을 사전적으로 정하거나 기업의 경영자와 노동자가 국유소유의 기업을 공동명의로 장기간 임대계약함으로써 임대비를 사전적으로 정하는 방법으로 이루어졌다.

계약방법이나 임대방법이나를 막론하고 모든 기업에 대해 일정한 액수의 생산기금부과금 및 임대비를 정하지 아니하고 단위기업마다 사전적으로 국가와 액수를 정한 것 또한 기업개혁제도의 기조가 그만큼 기업의 자율성을 보장하고 한 것이라 볼 수 있다. 이는 곧 사회주의적 계획경제체제를 유지하는 상태에서의 판매액 증가를 통한 이윤추구동기로 이어졌으며, 그로 인해 제품의 다양성 및 품질의 향상을 통한 기업의 생산성 향상을 꾀하고자 하였던 것이다. 판매액 증대뿐만 아니라 제품질의 향상 및 생산비용절감에도 상당한 노력을 하였는데 이를 위해 자본주의기업으로부터의 우수한 생산시설을 수입하고자 하였던 것이다.

판매액 증가 ☞

제품질의 향상 ☞

생산비용절감 ☞

계약방식 ☞

먼저 일정기간의 계약방식에서는 사회주의기업이 기업을 소유하는 국가와 직접 일정기간 동안의 효력을 발휘하는 계약을 체결한 뒤 기업의 경영자는 자주적으로 기업을 경영한다. 개혁 후에는 집중적 의사결정체계가 상당히 완화되었으므로 더 이상 국가의 생산량 지표는 기업에 하달되지 아니하였다. 단지 포괄적인 국가고시가격만이 존재하였다.

물론 기업은 국가소유이기 때문에 자본주의기업이라면 제공해야 할 사본에 대한 이자분 및 토지에 대한 지대분에 관해서는 국가와 각 기업과의 계약에 따라 일정액을 국가기금에 납입하여야 한다. 비용을 계상한 후의 총이윤 중 국가기금에 납입해야할 국가와의 계약분을 제외한 나머지에 대해서는 기업이 완전히 자율적으로 처리할 수 있다. 기업은 경영자를 공개초빙에 의해 임명할 수 있을 정도로 기업경영형태는 자유로워졌고 그만큼 기업경영자의 자율성은 보장되었다.

그럼에도 불구하고 기업경영자는 국가와의 제한적 계약시한에 의해 국가의 간섭을 간접적으로 받았을 뿐 아니라 외부경영자라도 경영자의 선출은 기업종업원에 의해 이루어지기 때문에 노동자집단의 통제를 직접적으로 받아야하는 제한성을 가지고 있다.

임대방식 ☞

그리고 임대방식에서는 기업에 개인재산을 제공한 임차경영자가 기업을 장기간의 임대계약 기간 동안 독립적으로 경영을 하게 하는 기업경영제도이다. 사회주의적 계획경제체제에서는 원칙적으로 화폐의 투기적 동기에 의한 개인적 자본축적을 금지하고 있었기 때문에 여기서의 개인재산이란 예비적 동기로 인한 소액의 저축분을 말하는 정도이며, 예비적 동기에 의한 저축은 제한을 받아 여러 명이 공동투자하여 이루어지는 경우가 많았다. 그리고 업종은 소매업 등에 국한하고 규모도 소규모로 유지하는 상태에서 허가되었다. 그럼에도 불구하고, 이 임차인은 국가에 임대비만 낼 뿐 완전히 자주적으로 그 기업을 운영하며, 이익이 난 경우의 그 이익은 완전히 자기 몫이 된다. 물론 임대경영 후 손해가 났을 경우에는 제출한 개인재산으로 보전한다.

그러나, 이 두 가지의 경우에도 기업은 국가가 소유하고, 제품가격 또한 국가고시가격으로 형성되어 경제조정도 대부분 국가계획에 의하여 되었다. 또한 국민전체에 대한 의식주, 교육 및 의료 등에 대한 최저수준의 생활보장을 국가가 보장하여 주었기 때문에 이 개혁제도들은 경제체제를 근본적으로 바꾼 것이 아니라 민간에 의한 투기와 거대자본축적을 허용하지 아니하는 사회주의적 계획경제체제를 유지하는 선에서 기업의 생산성향상을 위한 제도라 볼 수 있다(〈그림 50〉 참조).

〈그림 50〉 기업개혁 전과 후의 사회주의기업 비교

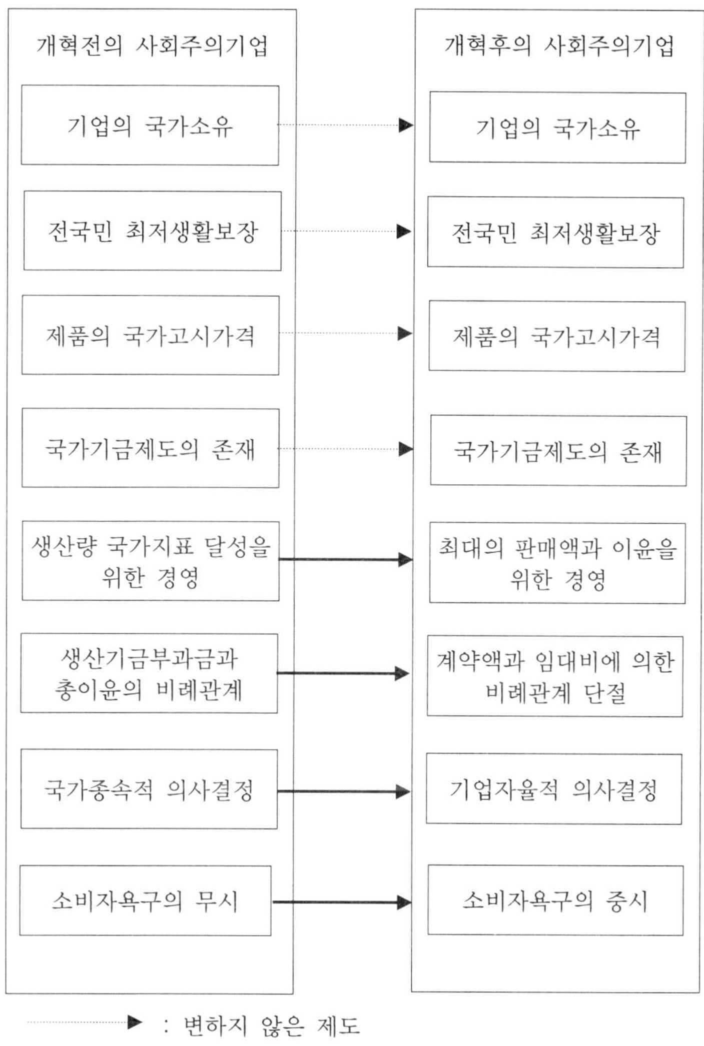

이와 같이 사회주의적 계획경제체제의 기업개혁제도는 민간에 의한 투기와 거대자본축적을 허용하지 아니한 상태에서 판매액 증가를 통한 이윤추구동기만을 제한적으로 허용하였던 관계로 화폐의 투기적 동기에 의한 보유도 허락하여 민간이 자본축적을 허락하고 시장가격에 의해 경제가 조정

되는 자본주의적 시장경제체제에 비해 기업의 효율성은 상당히 뒤떨어졌다.

상대적 비효율성 ☞

제품의 국제경쟁력 ☞

국가기금의 지원 ☞

이러한 사회주의적 계획경제체제가 가지는 기업개혁제도의 자본주의적 시장경제체제에 비한 상대적 비효율성은 결국 사회주의기업으로 하여금 자본주의기업에 비해 상대적인 불량제품을 생산하게 하였다. 그러던 중 사회주의국가가 자본주의국가에 대해 완전한 대외개방을 선언하자마자 사회주의기업의 제품은 세계시장에서뿐만 아니라 국내시장에서도 판매되지 아니하였다. 사회주의국가는 죽의 장막을 친 채 제품의 자본주의국가를 포함한 세계시장에서의 국제경쟁력을 완전히 무시한 결과였다. 국가기금으로부터의 자금지원은 끊어진 상태에서 제품판매가 아니 되자 임금지급은 물론 제품생산을 위한 재료구입자금도 바닥났던 것이다. 사회주의국가의 소비자가 모두 자국의 제품을 외면하는 바람에 사회주의기업의 제품생산은 완전히 마비되었으며, 사회주의적 계획경제체제의 경제구조는 그 기능을 발휘하지 못하게 되었다. 그 결과 대부분의 사회주의적 계획경제체제는 붕괴되어 자본주의적 시장경제체제나 사회주의적 시장경제체제로의 경제체제의 변환이 이루어졌다.

이와 같이 사회주의적 계획경제체제의 기업개혁제도는 사회주의이론 자체가 가지는 비효율성을 극복하고자 사회주의기업으로 하여금 판매액 증가를 통한 이윤추구동기를 가지게 하였다. 그러나 사회주의기업의 자본주의기업에 대한 상대적 비효율성으로 인해 전세계 절반인구가 스스로의 혁명에 의해 선택한 사회주의적 계획경제체제는 지구상에서 거의 사라지게 되었던 것이다(〈그림 51〉 참조).

〈그림 51〉 기업개혁 후 경제체제변환까지의 과정

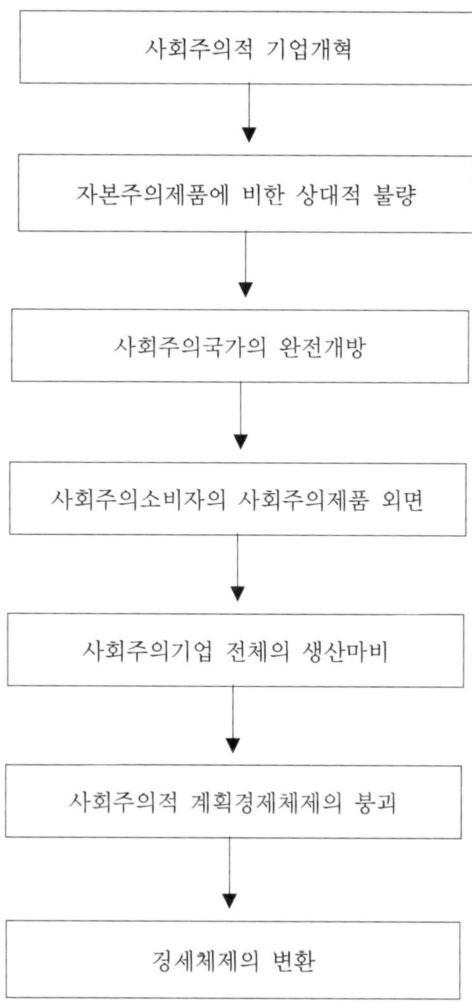

5.2 경제체제의 변환과 기업

5.2.1 과거 사회주의국가의 현재 경제체제

지금까지 체제변환을 하지 아니한 북한 등의 국가를 제외하고는 대부분의 사회주의국가들은 그들이 체제변환을 하기 직전 몇 년간 자주경영제 및 임대경영제와 같은 기업개혁을 실시하였는데 그들은 이러한 기업개혁과 함께 세계시장경제로의 대외개방정책을 동시에 실시하였다.

그리하여, 대부분의 사회주의국가들에 있어서 대외개방정책으로 인하여 우수한 서구기업제품이 자국으로 들어오게 되었으며, 대외개방으로 서구제품을 알게된 자국소비자의 욕구수준은 매우 높게 되었다. 이로 인해 사회주의기업의 제품은 자국소비자에게조차 구매력을 가지지 못하게 되었으며, 기업은 판매수익이 없는 관계로 신제품을 위한 연구개발비나 시설투자비는 고사하고 제품생산을 위한 운영자금마저 부족한 상황이 되었다. 게다가 지금까지 사회주의 이론에 따라 자본을 기업 내에 축적되지 아니하였기 때문에 기업의 자금난은 매우 심각한 상태에 이르렀다.

기어의 자금난 ☞

대부분의 사회주의국가들은 과거와 같이 사회주의적 계획경제체제를 유지하는 선에서의 기업개혁은 한계가 있다고 판단하여 지금까지의 사회주의적 계획경제체제 자체를 변환시키게 되었다.

이들 사회주의국가가 경제체제 자체를 변환한 형태는 국

가마다 다르게 나타났다. 첫째, 구소련을 비롯한 대부분의 동유럽국가는 자본주의적 시장경제체제로 체제변환을 하였지만, 변혁과정 중인 현재에는 과거 사회주의적 계획경제체제의 영향으로 많은 마찰적 현상을 나타내고 있다. 둘째, 구동독은 자본주의적 시장경제체제인 자금력이 풍부한 구서독에 흡수통일되어 법적으로나 실제로나 완전히 자본주의적 시장경제로 변하고 상당한 자금지원을 받는 경우이다. 셋째, 중국을 비롯한 아시아 국가들은 사회주의적 시장경제체제로 체제변환하여 사회주의라는 생산수단의 국공유문제는 그대로 둔 채 시장을 완전개방한 경우이다. 물론 앞에서도 말했듯이 다른 사회주의국가와는 달리 서구 자본주의기업의 우수한 제품을 접하게 하는 개방정책을 쓰지 아니한 북한과 쿠바는 아직도 사회주의적 계획경제체제를 유지하고 있다 (〈그림 52〉 참조).

〈그림 52〉 과거 사회주의국가의 현재 경제체제

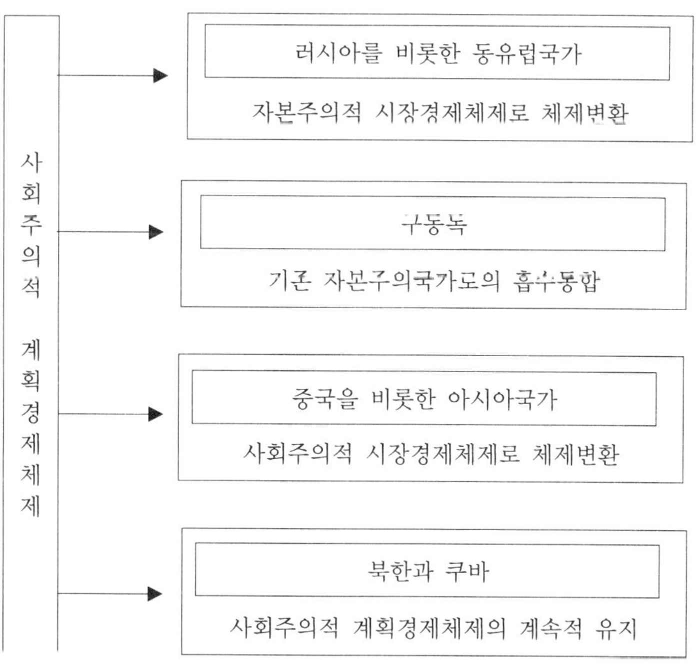

5.2.2 경제체제의 변환이 기업에 미치는 영향

5.2.2.1 경제체제변환의 형태

과거 사회주의국가의 체제변환이 기업에 미치는 영향에 대해 3가지 체제변환의 대표적 국가라고 할 수 있는 러시아, 구동독 및 중국의 경우를 중심으로 살펴보기로 한다. 과거 사회주의국가 중 체제변환을 하지 아니한 북한의 기업은 앞에서 말한 사회주의기업의 특성과 거의 유사하므로 여기서는 제외한다.

첫째, 러시아는 사회주의적 계획경제체제에서 자본주의적 시장경제체제로 변환하였기 때문에 국가소유기업이 사유화되고 국가계획지표도 없어지고 제품가격도 시장가격으로 책정되는 경제체제로 바뀌었다. 러시아의 사유화는 2단계로 나뉘어졌다.

바우처 ☞

먼저 1만 루블 상당의 바우처(voucher)라는 증서를 전국민에게 1매씩 분배함으로써 대부분 이루어졌는데, 러시아인은 누구나 분배된 바우처를 주식으로 바꾸기만 한다면 주식회사화된 기업의 주주가 될 수 있었다. 종업원에게는 특혜를 주어 사유화대상 기업주식의 일정부분을 그 기업의 종업원집단에게 무상으로 분배하기도 했다.

그리고 나서 이 때까지 사유화되지 아니한 러시아기업을 임의의 민간인이나 민간단체가 시장가격으로 매매할 수 있도록 하였다. 예외적으로 사유화 대상기업의 종업원집단이 자사의 주식을 구입하는 경우에는 이 기간에도 바우처를 이용하여 주식구입이 가능하도록 하였다.

둘째, 구동독은 자본주의적 시장경제체제의 구서독에 흡수통일되었으며, 기업의 사유화는 신탁관리공사(Treuhandanstalt)에 의하여 주도되었다. 이 공사는 구동독기업을 인수한 뒤 분할과 합병 등의 과정을 거쳐 주식회사나 유한회사와 같은 자본회사로 법적 전환하였다. 분할과 합병과정 중 탁아소와 같이 공공성이 있거나 사회복지성격이 있는 구동독기업의 시설일부는 무상으로 독일정부나 지방자치단체에 이전하였다.

신탁관리공사 ☞

원소유자가 있는 경우는 구동독인이나 구서독인을 가리지 아니하고 과거에 소유하고 있던 재산에 대한 반환청구소송을 거쳐 1차적으로 재사유화하게 하였으며, 나머지 기업 중 민간인이나 민간단체에서 매입의사가 있는 경우는 시장가격에 의해 매각하였다. 물론 국가기금 및 국가계획지표는 없어지고 제품은 시장가격으로 책정되었으며, 의사결정 또한 구서독기업과 같이 기업 스스로 하도록 하였다.

반환청구소송 ☞

재사유화 ☞

셋째, 중국은 사회주의적 시장경제로 체제변환하여 국가기금제도와 국가계획지표가 없어지고 제품가격 또한 시장에 의해 결정된다. 특히 주식제(株式制)를 도입하여 국가가 기업을 100% 소유하는 것이 아니라 51% 이상만 소유하는 사회주의제도를 취하고 있다. 기업소유는 이와 같이 국가가 하더라도 민간인이나 민간단체에의 사용권의 매매는 얼마든지 가능하다.

주식제 ☞

주식제의 요지는 일정조건 하에 지금까지 국가가 소유하던 기업으로 하여금 주식을 발행하게 하여 주식회사가 되도록 한다는 것이다. 여기서 일정조건이란 대부분의 대기업 주식은 국가가 51% 이상을 소유하게 하는데, 그렇지 아니한 기업도 여러 개의 국유기업이나 국가기금조직 등이 국가주도 하에 주식회사화된 기업의 주식을 공동매입함으로써 실제로는 국가가 운영하게 하거나 국가가 100% 투자한 국유지주회사를 새로 설립한 뒤 이 회사가 주식회사된 기업지분의 51% 이상을 소유하게 한다는 것이다.

하나의 특이한 것은 시장경제체제와 주식제를 도입하여 체제변환을 주도한 것은 일당독재의 공산당인데, 이러한 체제변환의 주동기는 과거의 비능률적인 사회주의체제를 능률적이고도 성숙한 사회주의로 이행하기 위함이라는 것이며, 국가가 51% 이상을 소유하는 주식제의 기업을 실제로 운영하는 기관은 공산당이라는 사실이다.

성숙한 사회주의 ☞

이와 같이 3가지 형태의 경제체제로 변환된 과거 사회주의기업을 경제체제의 2가지 축인 생산수단의 소유문제와 경제조정문제로 나누어 분석하면 다음과 같다.

5.2.2.2 생산수단의 소유문제와 체제변환 후의 기업

생산수단의 소유문제와 관련하여서는 러시아와 구동독의 경우는 사회주의체제에서 자본주의체제로 변환하였고 중국은 그대로 사회주의체제를 유지하고 있는데 국가기금과 연결되었던 기업의 사유화가 생산수단의 소유문제의 핵심사안이 된다. 즉 사회주의에서 자본주의에로의 체제변환은 국가소유의 기업과 토지를 민간인이나 민간단체에게 나누어주어 사유화함으로써 이루어진다.

기업의 사유화 ☞

먼저 러시아와 구동독의 경우 기업이윤과 연계된 국가기금이 없어지고 국가소유기업이 사유화되어 사회주의국가에서 자본주의국가에로의 변환된 점은 동일하다. 그러나 아래와 같은 이유로 말미암아 두 국가의 기업운영형태는 다르게 나타난다.

원소유자에의 반환 ☞ 구동독의 경우는 이 중 국가소유기업을 국유화 이전의 원래 소유자에게 반환하는 것을 원칙으로 하고, 나머지는 민간에의 매각방식을 썼다. 기업을 일반인에게 매각하였기 때문에 기업의 종업원은 체제변환 후에도 그대로 그 기업의 종업원으로 남게 되었다. 물론 종업원이 어떠한 기업의 주식의 일부를 사게 되면 종업원은 체제변환 전에 근무했던 기업과 무관하게 본인이 주식을 매입한 기업의 주주가 된다. 사유화된 구동독기업의 근본적인 기업구조는 서구적 자본주의기업과 같이 주주와 이들에 의해서 선출된 전문경영자 및 종업원으로 구성된 기업체제를 가지고 있다.

민간에의 매각 ☞

그럼에도 불구하고 구동독기업은 구서독기업과 같은 서구적 의미의 자본주의기업과는 차이를 가진다. 우선 과거 콤비나트를 분할하여 사유화하였기 때문에 구동독기업은 규모의 경제효과를 기대할 수 있는 대기업이 되기 힘든다는 점을 들 수 있다.

콤비나트 중 능력있는 기업만이 먼저 사유화된 관계로, 나머지 관련기업은 사유화되기가 더더욱 어려울 뿐 아니라 무용지물이 될 가능성마저 존재하게 되었다. 사유화된 구동독기업은 사유화대상인 구동독기업이 기업의 마이너스 판매도 고려될 정도로 내부적으로 새로운 생산시설 설치문제와 종업원의 재교육문제 및 부채문제를 가진데다 외부적으로 환경오염문제 및 통신 및 도로 등에 대한 사회간접자본의 재건설문제가 심각한데 이로 인해 서구적 자본주의의 기업에 비해 취약한 재무구조를 안고 있다.

게다가 상당수의 구동독기업의 인수가 원소유주를 포함한

1인 및 소수인에 의해 이루어져 주식분산이 잘 이루어져 소유와 경영이 분리되는 서구적 의미의 성숙된 자본주의기업과 비교해 볼 때 상당한 차이점을 보인다. 그리하여 상당수의 구동독기업은 처음부터 이러한 소유구조의 전근대성을 가지게 되었다.

바우처의 분배 ☞
종업원집단 분배 ☞

러시아의 경우 사유화 초기의 사유화방법은 대체로 바우처의 분배를 통한 방식과 종업원집단에 주식을 분배하는 방식으로 나눌 수 있다. 그리하여 러시아기업의 모든 종업원은 체제변환 후에는 체제변환 전에 근무하였던 기업에서 종업원 신분으로 계속 근무하는데 그 기업의 주주도 되는 경우도 있게 된다. 러시아기업의 상당수는 체제전환 초기의 종업원 우대정책으로 인하여 사유화된 기업이기 때문에 그러한 기업에서 종업원집단이 체제변환 후에는 체제변환 전에 근무하였던 기업의 소유자이면서 종업원이 된 기본구조를 가지고 있다. 그리하여 초기에 사유화된 기업은 종업원과 국민주를 가진 소유자가 분리되는 기업구조를 가지거나 종업원이 소유도 하고 경영도 하는 기업구조를 가지게 된다.

후기에는 민간인이나 민간단체에게 매각함으로써 사유화하였다. 이러한 방법이 적용될 수 있는 이유는 초기 사유화기간에 사유화되지 못한 기업이 아직 존재하고 체제변환 직후와는 달리 후기 적용기간에는 어느 정도 부를 축적한 민간인이나 민간단체가 있기 때문이다. 이 때 사유화된 기업은 구동독의 경우와 같이 종업원과 소유자가 분리하게 된다.

거의 완전한 자본주의체제로 변환한 구동독과는 달리 사유화 후의 러시아가 이와 같이 3가지 형태의 기업이 존재하는 불완전한 자본주의체제를 가질 수밖에 없는 이유는 러시아에는 체제변환 전까지 개인적 자본축적을 금지한 사회주의였던 관계로 체제변환 직후에는 매각대상인 국가소유기업을 살 정도로 자본축적한 민간인이나 민간단체가 없었기 때문이다. 이는 부유한 구서독인 자본이 풍부한 구서독기업 및 재정이 든든한 구서독정부가 있었던 구동독의 경우와 다른 면이다.

자본축적한 민간 ☞

그리하여 러시아는 자본주의적 시장경제체제로 전환하였더라도 구동독의 경우와는 달리 체제변환 직후에 국가소유기업을 바우처제도를 이용하여 전국민에게 동등하게 무상분배하거나 상당수의 기업은 과거부터 근무하던 기업의 종업원집단에게 매각하였다가 사유화 후기에 와서야 구동독의 경우와 같이 민간인이나 민간단체에게 매각하였다.

지금까지의 사회주의에서 자본주의에로 체제변환한 러시아와 구동독과는 달리 중국에서는 주식제는 실시하였을지라도 사회주의체제는 그대로 유지하고 있다. 중국은 기업의 국가소유와 관련한 사회주의개념에 있어서 100% 국가소유일 때만 사회주의체제가 아니라 51% 이상의 국유인 경우에도 사회주의체제라 할 수 있다는 개념을 도입한다. 중국에서는 어떠한 경우에도 민간인이나 민간단체가 기업지분의 49% 이상을 가질 수 없어 주식제를 도입한 후에도 사회주의체제가 유지된다는 것이다.

51%이상의 국유 ☞

물론 기업에 대하여 장기간의 사용권 취득 내지는 사용권 매매는 얼마든지 가능하다. 그리하여 중국의 경우에는 러시아의 바우처제도나 구동독의 신탁관리공사제도 같은 사유화를 위한 제도는 필요 없다. 단지 자본의 여유가 있는 민간인이나 민간단체가 주식화된 국가소유기업을 49%까지 취득하면 그 뿐이다.

간단히 말해 사회주의체제를 유지하는 선에서 지금까지 모두 국가가 소유하던 기업의 일부를 민간인의 여유가 있는 정도까지 민간인에게 소유하게 하여 과거의 비효율적인 기업경영제도를 개혁해보고자 하는 취지이다. 이는 성숙된 사회주의체제로 가기 위한 발판으로 주식제를 실시한다는 정부의 공식적인 취지를 볼 때에도 분명하다.

5.2.2.3 경제조정문제와 체제변환 후의 기업

경제조정문제와 관련하여 구동독, 러시아 및 중국은 계획경제체제에서 시장경제체제로 변환하였기 때문에 더 이상 국가계획에 의한 집중적 의사결정체계가 아니라 기업경영자가 스스로 의사결정을 하는 자율적 의사결정체계로 기업을 운영하고 있다. 제품가격 또한 더 이상 국가고시가격으로 정해지지 아니하고 서구적 시장제도와 같이 수요와 공급의 변동량에 의해 기업이 스스로 책정하고 있다. 이러함에도 불구하고 3국간에는 경제조정문제와 관련된 기업의 자율적 의사결정체계는 서로 달리 나타난다.

먼저 구동독기업과 러시아기업에 있어서 자율적 의사결정체계의 차이는 기업의 구조조정을 얼마나 할 수 있느냐 하는 차이점에서 나온다.

구동독기업의 경우에는 재정이 튼튼한 서독정부가 있어 사유화대상기업이 과감한 인원을 감축하거나 폐업조치될 경우 퇴직종업원의 퇴직금문제를 해결할 수 있었을 뿐 아니라 사유화될 때까지 장기간이 걸리는 경우에도 서독정부의 지원이나 서독인의 기업매입으로 인하여 기업으로서는 기업운영비용을 해결할 수 있었다.

기업운영비용 ☞

이 외에도 거의 대부분의 생산시설도 구서독기업에서 반입하였기 때문에 이 시설을 운영할 수 있는 구서독기업의 새로운 자본주의 경영자가 기업을 시장지향적 경영하기 시작하였으며 그 기술을 아는 대량의 구서독 종업원이 새로이 근무하게 되었다. 구동독기업은 통일된 시장경제에서도 경쟁력을 가질 수 있어야 존립가능하므로 구서독기업의 기계운영방식 및 경영방식을 모르는 구동독기업의 종업원에게는 대량해고와 함께 막대한 자금을 투입하여 서구적 시장경제식의 종업원교육을 단행하였다.

시장지향적 경영 ☞

그리하여 구동독기업은 어느 경우를 막론하고 물적 및 인적인 면에서 모두 상당하게 구서독기업 방식으로 구조조정이 되어 기업 내의 의사결정체계는 거의 서구기업과 유사하게 완전한 자율적 의사결정체계로 바뀌었다.

사유화문제와 관련하여 분석했을 때와 마찬가지로 구동독기업은 경제조정문제와 관련된 의사결정문제에서도 구서독기업과 같은 서구적 의미의 자본주의 기업과는 약간 차이가 있다. 서구식 시장경제적인 경영교육을 단기간에 배운 기업구성원에 의한 비효율적 의사결정도 문제거니와 해고되지 아니한 기존의 구동독 종업원과 새로이 전입한 경영자 및 종업원과의 갈등은 구동독기업을 완전한 의사결정체계로 바꾸지 못하고 있다.

또한 구동독의 기존 콤비나트에 의한 유통체계 및 구동독기업들 간에 얽혀 있던 납품체계 및 유통체계는 상당히 바뀌었다하더라도 많은 경우 체제변환 전의 납품체계 및 유통체계를 이용하고 있어 이들 간의 관계로 인해 구서독기업과 같이 완전히 시장경제원칙에 의한 자율적인 의사결정을 하지 못하는 차이점을 드러내고 있다.

이에 반해 종업원집단이 소유하는 주식회사로 바뀐 러시아기업은 더 이상 국가계획에 따른 생산지표를 따르지 않아도 되고 제품가격결정은 수요와 공급에 따른 시장가격에 맞추어 책정하여야 하지만 기업 내 및 기업 외의 사정이 체제변환 전의 요소를 상당히 많이 가지고 있기 때문에 구동독기업과 같은 정도로 상당한 자율적인 의사결정을 할 수 없다.

체제변환전의 요소 ☞

러시아기업은 자체 적립금은 물론 러시아정부로부터의 보조가 없어 종업원의 퇴직금문제를 해결할 수 없기 때문에 비효율적인 기업도 폐업조치된 기업이 그리 많지 아니하고 과거의 종업원은 대량의 실직사태 없이 과거에 근무하던 그 기업에서 계속 근무하게 되었다. 각 기업의 종업원의 대폭적인 감축문제는 정국불안요소로 작용할 가능성이 있어 체제전환을 주도하고 있는 러시아정부조차 원하지 않고 있다. 사유화 초기의 무상분배한 경우나 종업원집단에게 분배한 경우 모두 기업종업원은 체제변환 전부터 근무하던 기업에 체제변환 후에도 거의 그대로 근무하게 된다.

그리하여 초기에 사유화된 러시아기업 내 종업원집단의 조직적 행동방식 및 의사결정체계는 체제변환 전의 요소를 상당히 많이 가지고 있다. 즉 종업원은 과거 체제변환 전부터 같이 근무하던 직장동료들이며 그 종업원은 종신고용의 기본적인 원칙 하에 앞으로도 대량으로 해고되지 않을 것이다. 그리하여 초기사유화된 기업은 자본의 논리에 따라 움직이는 서구기업과 많은 차이점을 가진다. 물론 후기에 민간인이나 민간단체에게 매각된 기업은 많은 수의 종업원을 해고하는 등 상당히 자본의 논리에 따라 움직인다.

그러나 위의 3가지 경우 중 어느 경우나 국제경쟁력 있는 생산시설로 바꿀 만한 자본이 없기 때문에 기업 생산시설 운영방식도 과거 체제변환 전의 방식과 동일하다. 그리하여 국내 기업끼리는 서로 경쟁력이 있고 기업유지가 계속 가능하기 때문에 앞으로도 제품생산비용을 줄이려고 제품혁신을 위한 노력을 그리 많이 하지 않고 있다.

정부의 기업간섭 ☞

기업 외부에 있어서는 체제변환 전부터 내려오던 정부의 기업간섭이 헌법개정으로 하루아침에 없어질 수 없다는 것이다. 기업경영에 필요한 인허가는 체제변환과 관계없이 필요한데, 관계공무원 및 기업의 경영자 및 종업원은 대부분 그대로 존재하고 그들의 관행적인 관계도 그대로 유지되기 때문에 행정기관의 인허가로 인한 간섭은 체제변환을 위한 헌법개정 후에 큰 영향을 받지 아니한 채 대부분 그대로 존재하게 된다. 게다가 체제변환 전에 선출된 경영자가 당이나 행정관료출신인 경우 체제변환을 위한 헌법개정으로 다른 사람으로 바뀌기는 더욱 힘들다. 물론 사유화 후기의 민간인에게 매각된 기업은 이러한 관계에서 벗어나 상당히 자율적으로 의사결정을 할 수 있다.

이와 같이 러시아기업의 의사결정체계는 두 가지 형태의 의사결정체계를 가지는데 사유화초기의 기업은 두 경우 모두 체제변환 전부터 내려오던 기업 외부의 행정기관의 인허가로 인한 간섭과 기업 내 종업원집단의 조직적 행동방식 및 이들 간의 관계로 인하여 상당히 자율적인 구동독기업의 의사결정체계와는 다르게 여러모로 제한을 가지는 자율적 의사결정체계를 가지며 사유화 후기의 기업은 구동독기업과 유사하게 완전한 자율적 의사결정체계를 가진다.

지금까지의 구동독기업이나 러시아기업과는 달리 중국기업의 경제조정과 관련된 기업의 의사결정체계는 상당히 집중적인 특징을 가지고 있다. 왜냐하면 중국은 체제변환 후에도 정치적으로는 공산당 일당독재로 기업운영제도를 위시한 국가정책제도에 대한 모든 결정을 하고 있기 때문이다. 물론 주식제와 시장경제체제를 근간으로 하는 사회주의적 시장경제체제로의 헌법개정도 공산당에서 계획하고 실시하였다. 공산당의 경제개혁의 근본취지는 성숙된 사회주의에로의 진입에 있으며 주식제 및 시장경제도입은 이를 위한 하나의 수단에 불과하다는 것을 인식할 때 상당히 집중적인 의사결정체계는 당연한 것이다.

공산당의 통제 ☞
종업원집단의 간섭 ☞
3원적 지배구조 ☞

그리하여 거의 모든 기업의 경영자는 실제로 공산당의 통제와 종업원집단의 간섭 하에 기업을 운영하고 있다. 즉 주식제의 일정요건이란 전제로 말미암아 실제로는 국유기업과 국가기금조직이 기업지분의 대부분을 가지고 있는데, 국가기금조직은 말할 것도 없고 전문적 경영이 필요한 국유기업에 조차도 이의 운영을 당위원회, 종업원대표자회의 및 경영자가 같이 하는 3원적 지배구조로 하고 있다.

이들 3자간의 서열은 당위원회, 종업원대표자회의 및 경영자 순이다. 여기서 당위원회는 공산당의 방침을 기업에 관철시키기 위해 경영자관리와 전종업원에 대한 이념교육 외에도 기업의 전략적 결정에 참가하며, 종업원대표자회의는 종업원에 대한 임금결정권과 복지혜택에 대한 결정권 외에도 전문경영자에 대한 임면권과 감독권을 가지고 있으며, 경영자는 당위원회와 종업원대표자회의의 허락 하에 기업의 효율적인 경영만을 담당하고 있다.

그리고 설령 국가가 51% 이상만 소유한 채 주식회사로 변경된 국가지배회사에 대해서도 주주총회, 이사회 및 감사회 중 이사장직을 당위원회 서기가 보유하게 하거나 이 주식회사 3기관에 종업원대표자가 참가하게 함으로써 실제로는 이 기업도 공산당 및 종업원대표의 통제 하에 기업을 경영하도록 하고 있다. 물론 전문경영자가 공산당에서 직접 임명되는 경우도 허다하다.

또한 체제변환으로 인한 주식제의 취지는 기업의 구조개편을 통한 경영효율을 높이자는 것인데, 이를 위해 필요한 종업원의 과감한 해고는 종업원의 종신고용을 지향하는 사회주의체제에 어긋날 뿐 아니라 정국불안을 자아낼 가능성이 있기 때문에 이 또한 실시하기가 불가능하다는 것이다. 또한 임면권에서 종업원대표자회의의 간섭을 받는 각 기업의 경영자가 자기 기업의 종업원을 과감히 해고하기는 더욱 힘들다. 체제변환 전에는 기업이 종업원에 대하여 종신고용 책임과 탁아소와 같은 복지시설의 무료사용책임을 가졌었는데 정국불안을 염려한 당국은 체제변환과 함께 이를 실제로 변경시키지 못하였다. 다만 체제변환 후의 신규채용자만 해고대상이 될 뿐이다.

종업원의 종신고용 ☞

이와 같이 중국기업은 경제조정문제와 관련하여 볼 때 체제변환 후 더 이상 국가계획지표나 국가고시가격에 따라 기업운영을 하지 않기 때문에 시장경제체제를 중심으로 하는 중국의 경제체제는 언뜻 서구적 시장경제와 비슷해 보인나. 그러나 지금까지 분석한 공산당 일당독재의 외부적 요인 및 당원에 의한 기업운영과 종업원에 대한 종신고용과 같은 내부적 요인으로 인하여 기업의 의사결정은 상당히 집중적으로 이루어지고 있다. 다시 말해 혁신적 개혁을 하더라도 사회주의체제의 근간을 견지하기 위하여 국가차원에서 제도적으로 여러 가지 장치를 마련하고 있다는 것이다.

5.2.2.4 과거 사회주의국가의 현 경제체제에 대한 비교

경제체제의 변환 전의 모든 사회주의국가의 경제체제는 기업개혁 전이든 기업개혁 후이든 모두 사회주의적 계획경제체제였다. 기업개혁 전에는 기업을 국가가 소유하였던 관계로 자본과 토지에 대한 이자와 지대, 그리고 기업운영에서 발생하는 이윤이 모두 국가기금과 연결되었으며, 기업은 국가계획지표에 의해 운영되는 관계로 의사결정체계는 완전히 집중적이었고 제품의 가격은 국가고시가격에 의해 책정되었다.

이러한 사회주의적 계획경제체제의 원리에 의한 기업운영방식의 비효율성을 극복하고자 하는 경제개혁 후에는 기업은 국가에 소유되더라도 경영성과에 대한 이윤을 국가기금과의 연결고리에서 끊어 이윤의 처리를 기업자율에 맡기게 하였다. 기업은 국가계획지표에 따라 생산을 하되 국가와 맺은 납부이윤계약의 잉여분은 기업에 적립할 수 있도록 한 것이다. 또한 개혁 후에도 제품에 대한 가격은 국가고시가격에 의하여 책정되었다. 이리하여 기업은 집중적인 의사결정체계를 기조로 운영을 하되 약간의 자율성을 가질 수 있었다.

현재까지 사회주의적 계획경제체제 하에 있는 북한은 앞에서 말한 체제변환 전의 여러 사회주의국가가 기업개혁을 단행하지 아니한 상태에서 사회주의적 계획경제체제의 원칙에 입각하여 기업을 운용하던 공통된 방식과 대동소이한 기업운영제도를 가지고 있다. 즉 북한은 아직도 사회주의적 계획경제체제 하에서 경제를 운용하기 때문에 모든 기업은 국가에 소유되고 기업의 이자, 지대 및 이윤은 모두 국가기금에 연결된다. 이러한 사회주의적 계획경제체제의 원칙에서는 기업운영은 국가계획지표에 의해 이루어지고 제품가격 또한 국가고시가격으로 책정되기 때문에 의사결정체계는 완전히 집중적으로 형성된다. 북한의 독특한 기업운영방식인 대안방식은 여타 사회주의국가의 체제변환 전 기업운영방식보다 당의 이념지도가 더 철저하게 이행되고 있을 뿐이다.

이러한 북한을 제외한 사회주의국가들은 대부분 1990년을 전후하여 경제체제를 변환하였다. 이와 관계하여 구동독, 러시아 및 중국의 기업운영방식을 생산수단의 소유문제와 경제조정문제로 나누어 요약하면 아래와 같다.

구동독은 자본주의적 시장경제체제의 구서독에 흡수통일되었다. 기업은 원래의 소유자에게 반환되는 것을 기조로 하되 원소유자가 없는 경우에는 민간인에게 판매되었다. 물론 국가기금 및 국가계획지표는 없어지고 제품은 시장가격으로 책정되었으며, 의사결정 또한 구서독기업과 같이 기업스스로 하여 완전한 분권적 의사결정체계로 이루어졌다.

러시아 또한 자본주의적 시장경제체제로 변환하여 국가소유기업이 사유화되고 국가계획지표도 없어지고 제품가격도 시장가격으로 책정되는 경제체제로 바뀌었다. 그러나 구동독과 다른 사유화방식과 경제환경으로 인하여 체제변환 후의 기업소유체계 및 기업의사결정체계는 구동독과 다른 형태로 나타났다. 즉 사유화 초기에는 국민에게 동일하게 바우처를 지급하여 사유화하는 방안을 기조로 한 상태에서 종업원집단도 체제변환 전의 기업의 주식을 매입하도록 하는 제도를 취하였으며, 사유화 후기에는 그때까지 사유화되지 아니한 기업을 자본이 있는 민간인에게 판매하고 있다.

그리하여 초기에 사유화된 기업은 구동독기업과 달리 체제변환 전에 형성되었던 기업과 행정기관과의 관계가 그대로 유지되어 기업 스스로 결정하는 의사결정체계는 제한을 받을 수밖에 없으며, 후기에 사유화된 기업은 구동독기업과 비슷하게 완전한 자율적 의사결정체계를 가진다.

중국은 사회주의적 시장경제로 체제변환하여 국가기금제도는 없어졌지만 성숙된 사회주의에로의 진입이라는 기치를 걸고 국가가 기업을 100% 소유하는 것이 아니라 51% 이상만 소유하는 사회주의제도를 취하고 있다. 기업소유는 이와 같이 국가가 하더라도 사용권의 매매는 얼마든지 가능하다. 국가계획지표가 없어지고 제품가격은 시장에 의해 결정되지만 기업경영권은 일당독재의 공산당이 가지고 있기 때문에 기업은 약간의 자율권이 인정되는 집중적 의사결정체계를 가지고 있다. 여기서 주식제의 기업의 실제운영기관이 공산당이라는 사실은 중국을 성숙한 사회주의국가로 이행하고자하는 체제변환의 주목적과 일맥상통함을 알 수 있다.

지금까지의 설명을 〈표 4〉와 같이 요약·정리해 볼 수 있다.

〈표 4〉 경제체제와 기업운영

				생산수단의 소유문제	경제조정문제
체제변환전	대부분의 사회주의국가	개혁전	경제체제	사회주의체제	계획경제체제
			기업운영	1. 국가소유기업 (100%국가 소유). 2. 국가기금과 이자, 지대, 이윤이 연결됨.	1. 완전한 중앙집권적 의사결정. 2. 국가계획지표에 의한 기업 운영. 3. 국가고시가격.
		개혁후	경제체제	사회주의체제	계획경제체제
			기업운영	1. 국가소유기업 (100%국가 소유). 2. 국가기금과 이자, 지대만 연결됨 (이윤은 독립).	1. 상당한 중앙집권적 의사결정. 2. 국가계획지표 하에서 국가와 기업의 납부이윤계약. 3. 국가고시가격.
	북한		경제체제	사회주의체제	계획경제체제
			기업운영	1. 국가소유기업 (100%국가 소유). 2. 국가기금과 이자, 지대, 이윤이 연결됨.	1. 완전한 중앙집권적 의사결정. 2. 국가계획지표에 의한 기업 운영. 3. 국가고시가격. 4. 당의 이념에 충실한 기업운영
체제변환후	구동독		경제체제	자본주의체제	시장경제체제
			기업운영	1. a) 원소유자에 반환소유. b) 자본가소유. 2. 국가기금 없음.	1. 완전한 분권적 의사결정. 2. 국가계획지표 없음. 3. 시장가격.
	러시아		경제체제	자본주의체제	시장경제체제
			기업운영	1. a) 선국민에게 농일분배. b) 종업원소유. c) 자본가소유. 2. 국가기금 없음.	1. a) 상당한 분권적 의사결정. b) 상당한 분권적 의사결정. c) 완전한 분권적 의사결정. 2. 국가계획지표 없음. 3. 시장가격.
	중국		경제체제	사회주의체제	시장경제체제
			기업운영	1. 국가가 51% 이상 소유 (기업의 사용권 매매는 가능). 2. 국가기금 없음.	1. 상당한 중앙집권적 의사결정. 2. 국가계획지표 없음. 3. 시장가격. 4. 성숙한 사회주의국가로 이행하고자 기업운영권을 당이 가짐.

주: ① 생산수단의 소유문제에 있어서의 1은 기업의 소유문제를, 2는 국가기금문제를 다루었음.
② 경제조정문제에 있어서의 1은 의사결정체계를, 2는 국가계획지표의 문제를, 3은 가격체계의 문제를, 4는 기타 특기사항을 다루었음.
③ 각 항목의 a, b, c는 그 항목에 있어서의 여러 형태를 말함.

5.3 체제변환국가로의 진출문제

세계시장에의 편입 ☞

체제변환을 한 과거 사회주의국가는 적어도 세계시장에의 편입이 이루어졌다. 체제변환을 한 중국과 러시아의 차이는 자본주의체제까지 받아들였느냐 하는 것이 다를 뿐이다. 어느 경우이건 해외교역은 국가기관에서 독점하지 않고 사회주의기업도 직접 교역당사자가 될 수 있으며, 또 외국기업이 자유로이 직접투자 및 투자이익의 100%까지 송금할 수 있게 되었다. 그러나 이와 같이 세계시장경제에 법률적으로 편입되었다고 하지만 실질적으로 그렇게 되는 데는 상당한 시간이 걸리고 있다.

다시 말해 사회주의의 원칙에 따라 생산수단이 모두 국유화되고 자본축적을 막기 위해 화폐제도를 없이한 채 국가계획에 움직였던 사회주의기업경제체제가 법이 시장경제체제 원칙으로 바뀌었다해서 단시간 내에 기존의 자본주의국가와 같은 형태로 변해질 수 있느냐 하는 같은 문제가 생긴다. 제품판매에 대한 지급방법이 시장가격으로 또 화폐의 형태로 지불될 수 있느냐 하는 문제이다.

개인의 자본축적 ☞

사회주의이론에서 자본축적을 비판함으로써 개인의 화폐에 의한 자본 축적은 애당초 불가능하였다. 1975년부터 "각자의 방법으로 공산주의로"라는 모토에 따라 몇몇 나라(특히, 헝가리, 체코 등)에서만 체제변환 전에도 개인의 자본축적이 지극히 통제된 가운데 조금 가능했었을 뿐이다.

생산수단을 국유화하고 화폐의 투기적 동기를 없애고 거

래적 및 예비적 동기만을 인정한 이유로 개인에 의한 자본축적이 이루어지지 않았기 때문에 개인에게는 생산수단은 물론 축적된 화폐도 없었다. 과거 사회주의적 계획경제체제에서 자본주의기업이 수출한 제품에 대한 대응재로 국가에서 무역독점회사를 통한 구상무역 형태로서 사회주의제품을 주었지 화폐를 지불하지 않았던 이유도 이러한 사회주의국가 내의 화폐부족에 있었다.

자본주의기업은 제품판매에 대하여, 시장가격의 입장에서 이윤이 생기고 제품의 판매금액이 화폐로 특히 경화로 들어온다고 할 때 물건을 판매할 것이다. 개인에게 지불수단인 화폐가 있어야 구매력이 생긴다. 개인의 화폐에 의한 자본축적이 시장경제체제로 법이 개정되었다하여 금방 기존의 자본주의국가만큼 가능할 것인가라는 문제가 생기는 것이다. 기존의 자본주의국가는 실물규모 만큼 화폐규모가 형성되어 있으나 화폐경제를 경시한 사회주의국가는 실물규모는 어느 정도 형성되었더라도 화폐규모는 기존의 자본주의국가에 비해 상당히 부족하였으며, 이것이 법적인 체제변환으로 자본주의국가 수준만큼의 실물규모 대비 화폐규모를 실질적으로 만들어 낼 수 있느냐 하는 것이다.

실물규모 ☞
화폐규모 ☞

우선 무모한 화폐개혁은 인프레 및 가수요심리 때문에 국가는 걷잡을 수 없는 혼란에 빠지게 된다. 이미 1년에 1,000% 이상의 인프레를 경험한 바 있는 사회주의적 계획경제체제국가는 이러한 것을 하지 않으려 할 것이다.

무모한 화폐개혁 ☞

자본주의기업의 진출시장이 매력을 가지기 위한 기본조건은 소비자가 화폐를 가지고 있어야 하는데 과거의 사회주의국가시장에는 아직까지 화폐가 그리 많지 아니하다. 체제변환 후 노동자의 외환을 고려한 실질임금은 10배 이상 떨어

외환고려 실질임금 ☞

져 생존하기조차 힘들게 되어 타 소비제품을 살 수가 없게 되었다. 물론 국내 사회주의기업의 제품가격은 몇 배 아니 올랐지만 사회주의적 계획경제체제시장에 판매하려는 자본주의기업은 이 만큼 일반노동자의 구매력을 기대하기는 어렵다.

화폐문제를 해결할 수 있는 유일한 방법은 생산력을 증가시켜 외화를 벌어야 되는데 현재까지 유지해온 기업의 제품으로는 세계시장에서 판매될 만큼의 국제경쟁력을 가지고 있지 아니하여 이 또한 상당한 시간이 걸릴 것이다. 그리하여, 외국인투자를 적극 유치하여 외국자본의 국내경제의 잠식이라는 위험을 감내하고라도 과거 사회주의국가는 외국인투자를 통한 국내경제의 부흥의 길을 택하였다. 이로 인해 현재의 사회주의국가시장은 어느 정도의 시장매력도를 가지게 되었다. 특히 러시아와 중국은 무한한 지하자원과 상당한 인구규모로 인하여 미래의 잠재적 시장매력도는 상당하다고 하겠다. 게다가 중국은 점진적인 경제개혁을 통한 경제발전을 하고 있으며, 러시아는 비록 금융사정이 불안하지만 과거에도 첨단기술이 상당히 축적되었기 때문에 경제발전의 가능성은 충분하다고 보겠다.

국제경쟁력 ☞

외국인투자 ☞

국내경제의 잠식 ☞

또한 화폐발행 대신 민간에 대한 국유화된 생산수단의 분배의 경우에도 아래와 같은 이유로 인해 화폐규모는 커지지 아니한다. 먼저 토지를 자국국민에게 나누어주는 경우 방법이 복잡하나 화폐규모를 증대시키지는 않는다. 즉 체코, 헝가리 등과 같이 토지대장이 있는 경우는 간단하지만, 소련처럼 토지대장이 없는 경우에는 힘들다. 극단적인 방법으로 비옥도를 고려하여 금을 그어 나누어주어야 가능할 것이다. 토지대장이 있는 경우에도 용지변경이 된 경우, 즉 과거 농토였던 데에다 생산시설을 지었다든가 현재 여러 명의 사람

생산수단의 분배 ☞

이 사는 주택으로 바뀐 경우 더 복잡해질 뿐, 화폐규모는 커지지 아니한다.

또한 기업을 자국국민에게 나누어주는 경우는 아주 복잡하다. 옛 기업의 소유주가 있다 하더라도 옛 기업에 대해 그 동안 폐사, 증축, 축소, 확장, 신기계의 반입, 구기계의 폐지를 실시한 경우가 대부분이어서 옛 주인에게 나누어주는 것도 거의 불가능하다. 대장이 없어 소유주가 없는 경우는 국민전체나 그 기업의 종업원에게 나누어주기 때문에 더 복잡해진다. 기업의 평가자산과 종업원 수가 기업의 종류에 따라 다르기 때문이다. 이 경우도 나눌 때 생기는 불평등이 혼란을 초래하게 될 뿐, 화폐규모는 커지지 아니한다.

그렇다고 토지나 기업을 내국인 및 외국인에게 판매하기도 곤란하다. 내국인은 아직 자본축적이 안 되어 있고, 외국인에게 무제한 기업을 팔면 국가의 경제종속문제가 생기기 때문에 제한이 있다. 설령 기업을 외국에 판다해도 그 기업에서 생산된 제품이, 외국에서는 품질 및 가격문제로 내국에서는 화폐가 없는 관계로 제품에 대한 구매력이 형성되지 않아 당장 사려고 하지 않을 것이다.

하여튼 어떠한 방법으로 나누어주든 당장은 개인이 토지 및 기업의 일부분을 소유하게 된다 하더라도 제품을 구매할 만한 화폐는 형성되지 않는 것이다.

이와 같은 화폐규모의 문제로 인해 사회주의국가에서 자본주의제품에 대한 시장가격이 형성될 수 있느냐 하는 문제가 생긴다. 기업은 시장가격으로 생산비 이상의 판매가격이 형성될 때 제품을 판매한다는 것은 당연하다. 이윤추구원리는 자본주의기업의 기본원칙이다. 극단적으로 생산비 이하로 손해를 보면서 판매하지는 아니할 것이며, 개인적으로 화폐를 축적한 소비자에게만 자본주의제품은 시장가격으로 판매될 것이다. 이러한 이유로 인해 체제변환된 사회주의국가가 완전하게 세계시장경제에 편입되기 위해서는 상당한 시간이 걸릴 것이다.

러시아처럼 시장경제체제와 자본주의체제를 동시에 받아들인 경우에는 사회주의적 시장경제체제인 중국에 비해 그 시간이 빠를 뿐이다. 그럼에도 불구하고 사회주의국가에 대한 진출매력이 있는 것은 자원도 풍부하고 전체 자본주의국가의 인구수와 같은 20억 정도의 인구가 이들 국가에 살고 있다는 점이다. 또한 동유럽국가들에 한하지만 체제변환 시 개인당 10,000 USD의 실물규모를 가지고 있었다는 사실도 간과하여서는 안 될 것이다.

참고문헌

· 강태구 (2007), "중국진출 단독투자기업의 국제화 과정 결정요인", 무역학회지 제 32권 제 2호, 한국무역학회. pp.331-356.
· 김시중 (1993), 「중국 국영기업 개혁의 전개와 전망」, 대외경제정책연구원. pp.47-78.
· 박성훈 (1993), 「남 · 북한 통일에 비추어 본 독일 신탁관리공사의 역할과 의의」, 대외경제정책연구원. pp.13-18, pp.21-122.
· 오용석 (1988), 「공산권 경제의 탈마르크스 경제학: 소련, 중공, 동구경제의 운용원리와 개혁의 논리」, 슬라브연구사. pp. 34-52.
· 이윤 (1993), "러시아의 기업운영체제", 연구보고서 282호, 산업연구원, pp.75-95.
· 정여천 (1994), 「러시아에서의 기업환경변화」, 대외경제정책연구원. pp.68-80.
· 조규진 (1997), "경제체제변환 전 · 후의 사회주의 기업운영에 대한 경제체제적 분석", 한국질서경제학회, 질서경제저널, 1호, pp.277-303.
· 조규진 (1998), "러 · 중기업개혁제도의 경영사적 의미분석", 한국경영사학, 경영사학, 17권, pp.77-112.
· 조규진 (1998), "러 · 중 · 북한의 대외교역에 대한 발전과정", 한국 경영사학, 경영사학, 18권, pp.169-188.
· 조규진 (2009), "체제전환국가들의 기업사유화 및 제품가격변환 과정에 대한 서술적 비교연구 - 러시아.중국.동독을 중심으로 -", 경영사학, 24집 1호, 한국경영사학회. pp.113-136.
· 조현준 (1996), 「중국 국유기업 민영화의 전개와 전망」, 대외경제정책연구원. pp.39-98.
· 홍의/ 조규진 (2007), "중국 유통개혁의 단계별 특징 및 경제체제적 접근", 경영사학, 22집 3호, 한국경영사학회. pp.333-356.

· Yushina, L. (2005), "Russia on the move - Between Europe and Asia", 유라시아연구 제 2권 제 1호, 아시아 · 유럽 미래학회. pp.295-301.
· Dauderstadt, M. (2005), 'The Communist Successor Parties of Eastern and Central and European Integration', *Journal of Communist Studies and Transition Politics*, Vol. 21, No.1. pp.48-66.
· Dolgopyatova, Tat'yana/ Evseyeva, Irina (1995), "The Behaviour of Russian Industrial Enterprises under Transformation", *Communist Economies & Economic Transformation*, Vol.7, No. 3, pp.319-331.
· Ennew, C. T./ Filatotchev, I./ Wright, M./ Buck, T. W. (1993), "Constraints on

the Adoption of the Marketing Concept; The Case of the Soviet Union", *European Journal of Marketing*, Vol. 27, No. 11/12, pp.21-34.

- Freinkman L. (1992), "Shaping a Market Environment and Analysis of the Enterprise Interaction Mechanism", *Studies on Soviet Economic Development*, Vol. 3, No. 2, pp.101-104.
- Götz-Coenenberg, R. (1990, a), "Der sowjetische Weg zur Marktwirtschaft ab 1986", *Aktuelle Analysen - Bundesinstitut für ostwissenschaftliche und internationale Studien*, No. 39, pp.1-8.
- Hai, W. · Li, H. (2003), "China's FTA Policy and Practice", in: *Northeast Asian Economic Integration: Prospects for a Northeast Asian FTA (ed: Y. Kim · C. J. Lee)*, KIEP. pp.138-156.
- Heitger, B. (1990), "Wirtschaftliches Wachstum in Ost und West im internationalen Vergleich seit 1950", *Die Weltwirtschaft*, H.1, pp.177-178.
- Kozlov, N. V. (1995), "Working Capital of Enterprises in Transition to a Market Economy: Analysis and Forecasting", *Studies on Russian Economic Development*, vol. 6, No. 4, pp.282-288.
- Kuvalin, D. B. (1996), "Economic Reform in Russia: The Crisis of 1991-1996 and the Response of Enterprises", *Studies on Russian Economic Development,* vol. 7, No. 6, pp.481-486.
- Lin, J. Y. (2003), "Viability and the Development of China's Capital Markets", in: *Financial Development and Integration in East Asia (ed: Ahn · Ito · Kawai · Park)*, KIEP. pp.155-164.
- McFaul, M. (1996), "The Allocation of Property Rights in Russia: The First Round", *Communist and Post-communist Studies*, Vol. 29, No. 3, pp.292-306.
- Parker, D. and Pan, W. (1996), "Reform of the State-Owned Enterprises in China", *Communist Economies & Economic Transformation*, Vol. 8, No. 1, pp.110-123.
- Priewe, Jan (1991), "Wirtschaftswunder - Deindustralisierung - Rückschlag für Westdeutschland ? Zur politischen Ökonomie der deutschen Vereinigung", in Muszynski, Bernhard (eds.), *Deutsche Vereinigung - Probleme der Integration und der Identifikation*, pp.115-124.
- Radaev, Vadim (1994), "On Some Features of the Normative Behavior of the New Russian Entrepreneurs" *Problems of Economic Transition*, Vol. 37, No. 8, pp.17-28.
- Radygin, A. (1996), "The Privatization Process in Russian in 1995", *Problems of Economic Transition*, Vol. 39, No. 7, pp. 5-12.
- Saburov, E. F./ Simonyan, V. I. (1996), "Privatization in Russia: Results and

Prospects for Development", *Studies on Russian Economic Development*, vol. 7, No. 6, pp.503-512.

· Song, X. (1992), *Prinzipien und Strategien der institutionellen Reformen - Zur Transformation sozialistischer Wirt-schaftssysteme in eine Marktwirtschaft*, Institut für Wirt-schaftspolitik an der Universität zu Köln. pp.8-193.

· Temkin, Gabriel (1996), "The New Market Socialism: A Critical Review", *Communist and Post-Communist Studies*, Vol.29, No. pp.467-478.

· von Furstenberg, George M. (1995), "Overstaffing as an Endgame and Prelude to the Employment Collapse in Eastern Germany?", *Communist Economies & Economic Transformation*, Vol. 7, No. 3, pp.300-306.

찾아보기

【저자약력】

조규진(曺圭珍, Gyue-Jin Joe)

주요학력 : 서울대학교 경영대학 경영학과 졸업
서울대학교 대학원 경영학과 졸업
독일 쾰른대학교 대학원 경영학과 졸업(경영학박사)

현　　직 : 광운대학교 동북아 통상학부 교수
(국제경영학, 국제마케팅, 시장조사론 담당)

이 메 일 : joe5326@kw.ac.kr

인 지

사회주의기업의 분석

초　판 1쇄 인쇄 —— 2010년　8월　10일
초　판 1쇄 발행 —— 2010년　8월　20일
지은이 —— 조 규 진
펴낸이 —— 전 두 표
펴낸데 —— 도서출판 **두남**
서울시 강동구 성내 1동 455 - 12 두남빌딩
신고 : 제25100-1988-9호
(구 제2 - 624호, 1988. 7. 21)
TEL : (02) 478 - 2065~7, 478 - 2311
FAX : (02) 478 - 2068
E-mail : dunam1@unitel.co.kr
http://www.dunam.co.kr

정가 15,000원

ISBN　978-89-6414-115-1　　93320